トラブル事例でわかる アライアンス契約

提携交渉から終了までのポイントと条項例

弁護士 淵邊善彦 著

日本加除出版株式会社

は し が き

　本書は，近年増加している企業のアライアンス（提携）のトラブル事例を解説し，アライアンスを法的な観点から成功に導くための本です。

　技術革新や市場環境の変化が進む中，自社だけで製品開発や市場開拓を行うことは困難になっているため，他社や大学などとのアライアンスにより，革新的な新製品やビジネスモデルを開発すること（オープンイノベーション）が盛んになってきました。また，新型コロナウイルス感染症の影響で，大企業とベンチャー・スタートアップ企業がアライアンスを行い，アフターコロナに向けた新規ビジネスに挑む動きも加速しています。さらに，デジタル化や規制改革の流れの中で，ビッグデータを活用する異業種間のアライアンスも進むことが予想されます。

　このようにアライアンスが広く行われるようになると同時に，トラブルになる事例も増えています。アライアンスは長期にわたる重要な取引関係なので，トラブルになったときの損害やビジネスに与える悪影響も大きくなります。アライアンスにおけるトラブルの多くは，同じような場面で似たような形態で発生しています。そのため，過去のトラブル事例に学び，契約上の手当てや実行プロセスの管理を行うことにより，トラブルの発生を防ぎ，アライアンスを成功に導くことが可能になります。

　本書は，総論として，アライアンスに関する法的知識をコンパクトに解説した上で，各論として，トラブル事例を紹介し，その解決法や予防法を検討しました。アライアンスに関するトラブルは，当事者間にビジネス上の深い関係があるため，裁判で争うことなく，話し合いで解決することがほとんどです。そのため，裁判例として公になっているケースは特殊な事案が多く，契約交渉の観点から参考になるものは少ないと言えます。そこで本書で検討する事例は，筆者の経験した案件をベースに再構成したものをメインとし，裁判例についても実務に役立つわかりやすい内容にアレンジしました。

　本書の主な読者は，アライアンスに関わる経営者，現場担当者，法務

担当者の方を想定しています。そのため，法令の解説は必要最小限にとどめ，現場で役立つ実務的な解説となるよう心掛けました。また，アライアンスに関するアドバイスを行う弁護士，コンサルタントの方などにも参考になるよう，ポイントを絞って裁判例や法令・ガイドラインの紹介を行い，巻末に参考文献リストを付けることにしました。本書がアライアンスに関わる多くの方に参照され，成功事例の蓄積につながれば幸いです。

　最後に，本書のアイディアをいただき，その後の丁寧な編集作業をご担当いただいた日本加除出版の小室裕太郎氏と岩尾奈津子氏に深く感謝申し上げます。

　2020 年 10 月

弁護士　**淵邊　善彦**

目　次

第2編　紛争事例

凡　例

1　法令名等の略語

　本書では，法令名等は原則として正式名称を用いているが，適宜，以下の略語も用いた。その他の法令の引用については，慣例による。

下請法　　　←　下請代金支払遅延等防止法

独占禁止法　←　私的独占の禁止及び公正取引の確保に関する法律

改正民法　　←　民法の一部を改正する法律（平成 29 年法律第 44 号）による改正後の民法

改正前民法　←　民法の一部を改正する法律（平成 29 年法律第 44 号）による改正前の民法

2　判例集，雑誌

民集　←　最高裁判所民事判例集

集民　←　最高裁判所裁判集民事

判時　←　判例時報

判タ　←　判例タイムズ

金商　←　金融・商事判例

金法　←　金融法務事情

第 1 編
アライアンス総論

第1章　アライアンスとは

第1　アライアンスの意義

1.　アライアンスとは

　アライアンス（企業提携）とは，複数の企業が共同で事業を行うことであり，各当事者が資金，技術，人材等の経営資源をそれぞれ提供し合って，シナジー（相乗効果）を得ることによって，事業競争力の強化や新規事業の開始を目指すものです。アライアンスは多義的な用語であり，その目的も様々です。具体的には，生産力や販売力の強化・補充，技術力の強化・補充（技術力の相互補完），技術の共同開発，新規事業への進出などの目的があります。大きく分けて，株式の取得・保有を伴う資本提携と，それらを伴わない単なる契約関係である業務提携とに分けられます。いずれも，スポットの取引ではなく，ある程度長期にわたる共働関係をいいます。

　第四次産業革命が進む今日，産業や技術の変化がますます激しくかつ専門的になっており，自社での研究開発だけではその変化のスピードに付いていけなくなる傾向があります。そのため，オープンイノベーションが求められる中で，アライアンスはますます重要な経営戦略となっており，革新的な技術やビジネスモデルを有するベンチャー企業が，大手企業や大学・研究機関などとアライアンスを行うケースが増えています。

2.　アライアンスの特色

　アライアンスは，既に存在する他社の資源を活用するため，一般に，自社だけで当該事業を行うよりも，時間が短縮でき，資金的に少なくて済むメリットがあり，リスクも軽減したりシェアしたりすることができます。法律的には，各当事者間でアライアンスに関して契約が締結されることにより，技術提携，生産提携，販売提携等の業務提携ではビジネス上の契約関係が生まれ，資本提携においては相手方の株式を保有する

資本関係が成立します。これらを組み合わせて、包括的アライアンス（資本業務提携）を行うこともよくあります。

　他方で、アライアンスはＭ＆Ａほど一時に大きな金額が動かないことと、各当事者が現場レベルで契約交渉を進めることが多いため、法的リスクの検討やそれを意識した詳細な契約書の作成が行われないケースが多いといえます。長期的な信頼関係に基づいた取引が行われることになり、その間各当事者の状況やビジネス環境が変化し、意思決定に時間がかかったり、リスクが顕在化したり、紛争が生じたりすることも少なくありません。Ｍ＆Ａと違って支配権を取得しないので、シナジーは中途半端になることもあります。また、大企業とベンチャー企業とのアライアンスでは、スピード感やリスク管理が異なりうまく行かないこともあります。

　アライアンスにおいては、単なる個別の取引契約と違って、長期における継続的なビジネス上の関係が生まれることになり、それに伴って、両当事者に長期的に一定の権利義務が生じることになります。当事者間の信頼関係がベースになるため、有効期間内の解除事由もある程度限定されるのが一般的です。業務提携の場合は、契約を解除することによって関係は解消しますが、解消後の在庫や知的財産などの処理がよく問題になります。資本提携の場合は、さらに、株式の買取りや第三者への処分が必要になり、解消は簡単ではありません。それだけに、対外的には、資本提携を結ぶことにより、より強いアライアンス関係が生じたという印象を与えることになります。

　本書では、実際に筆者が経験した事案や裁判例をベースに架空の事例を作り、どのような点が問題になるかを検討することにしました。まず第1編では、その前提として、アライアンスについて、法的な観点から概略を以下で説明します。

第2　アライアンス戦略における法務の重要性

1. 法務部門の関与

　アライアンスにおいては，通常，経営企画部や新規事業部，さらに営業，技術開発，製造等の関連部門が中心になって交渉を進めることになります。特に資本提携を伴わないような場合は，契約書の交渉に至るまでは，一見関連する事業や管理部門に関する事項の判断が中心で，大きな資金も動かないため，法的な判断は必要でないようにも見えます。そのため，M＆Aの場合に比べ，一般に法務部や弁護士が関与しなかったり，関与する時期が遅れたりする傾向にあります。

　しかし，アライアンス戦略を検討する上で，早い時期から法務部や弁護士が適切に関与することは，アライアンス戦略を練る上で大変重要です。単にビジネスや技術等の観点だけでなく法務的知識を活用すれば，新しい形のアライアンス・ビジネスモデルが発想できる可能性が大きくなります。

　例えば，共同開発と開発委託のどちらの契約形態が自社に有利になるか，成果物の権利やアライアンス終了時の処理をどう規定すべきかなどは，現場の担当者だけでは判断が難しいポイントです。また，技術ライセンスを受けるだけの交渉だと不利になるものが，合弁会社を設立することや自社の有する販売ネットワークを活用する販売提携を加えた「包括的アライアンス」に持ち込めば，自社に有利なだけでなく，アライアンスの相手方とともにWin-Winの関係を構築できる可能性があります。その場合，重要になるのは法務的な知識やスキル，経験です。

2. 関連する法律

（1）関連法の概要

　近年，民法，会社法，金融商品取引法等が大きく改正され，アライアンスの設計が自由度を増した一方，思わぬところで規制がかかってくるおそれもあります。知的財産法，独占禁止法，労働法，倒産法等専門的な検討を要する法分野も多くあります。海外企業とのアライアンスに限

らず，海外事業を行っている企業が当事者となるアライアンスの場合，外国の法律（独占禁止法や各業法等）が問題になることもあります。そのような場合，当然ながら契約交渉段階では弁護士のアドバイスは不可欠となります。

アライアンスプロジェクトの後半で大きな法律問題が見つかった場合は，既に手遅れで紛争に発展するケースや，契約交渉に膨大な時間がかかるケースなど，多くのリスク，無駄が発生する可能性があります。法務コストを節約するつもりが，かえって高く付くことにもなりかねません。したがって，アライアンスプロジェクトでは，問題になりそうなポイントを理解した上で，初期の戦略構想段階から法務部や弁護士をメンバーとして加えることが重要な成功要因といえます。

(2)　注意すべき法律
①独占禁止法と下請法

アライアンスを検討する際に注意すべき法律は多数ありますが，公正な競争の観点から問題になるものとして，独占禁止法と下請法があります。これらに違反した形でアライアンスを行うと，公正取引委員会による規制の対象になり，大きな財産的損害を被ったり，レピュテーションの低下を招くおそれがあります。独占禁止法については本編第4章を，下請法については第2章第5を参照してください。

②個人情報保護法
(a)　概要

データの利活用を伴うアライアンスで注意すべき法律として，個人情報保護法について簡単に触れます。アライアンスにおいては，相手方に自社が管理する情報を譲渡・共有したり，その処理を委託したりなどして，データの利活用を行うことがあります。例えば，販売提携において顧客情報を交換したり，技術提携においてシステム上のビッグデータを共有したりすることなどがあります。従業員に関する情報も個人情報になります。法規制の範囲内で，いかにこれらの情報を活用できるかが，アライアンスを成功させる大きなポイントになります。

　アライアンスを検討する際は，各当事者が個人情報保護法上の規制に服するかどうかをまず確認する必要があります。そのためには，アライアンスにおいて扱う情報が，個人情報保護法上の「個人情報」，「個人データ」にあたるかどうかを検討することから始めることになります。

　「個人情報」とは，「生存する個人に関する情報であって，その情報に含まれる氏名，生年月日その他の記述等により当該情報が誰の情報であるかを識別することができるもの（他の情報と容易に照合することができ，それにより個人が誰であるかを識別することができることとなるものを含む。）」をいいます。

　個人情報をデータベース化した場合，そのデータベースを構成する個人情報を，特に「個人データ」といいます。このことを踏まえて，利用目的の特定，第三者提供などの規制に注意しながら，個人情報の取得や利活用を行う必要があります。

（b）第三者提供

　アライアンスで特に問題になるのが個人データの「第三者提供」です。

　「第三者提供」とは，事業者が保有する個人データをその事業者以外の者に提供することをいいます。第三者提供は，原則として，本人の同意がない限りできないというルールになっています。「委託」，「共同利用」，「事業承継」の３つのケースは，「第三者提供」にあたらず，本人の同意がなくても個人データの提供をすることができます。

　「委託」とは，自社の業務を他社に依頼することをいいますが，業務に必要な個人データを委託先に提供する場合には，第三者提供にあたらず，本人の同意なく個人データの提供をすることができます。経理業務や配送業務を第三者に行わせるような場合です。ただし，委託する場合，委託元には「委託先を監督する義務」が課せられます。

　「共同利用」とは，個人データを複数の事業者が利用・管理することをいいます。例えば，グループ会社内で業務の必要上情報を共有するような場合です。共同利用の場合には，事前に以下の５点について本人に通知するか，本人が簡単に知ることができる状態にしておくことで，本人の同意を得なくても個人データの提供をすることができるようになり

ます。

・共同利用をする旨

・共同利用する個人データの項目

・共同利用者の範囲

・共同利用する個人データの利用目的

・個人データを管理する責任者の名前（法人の場合は法人名）

　「事業承継」とは，合併や分社化・事業譲渡などによって事業が別の会社に引き継がれることをいいます。ただし，移転先での個人データの利用範囲については，移転元で利用していた範囲に限定されます。

　また，「第三者提供」にあたるものの，例外的に本人の同意なく個人データを提供できる場合として，「本人の同意を求めるのが不合理な場合」と「オプトアウトの手続きをとっている場合」があります。

　「本人の同意を求めるのが不合理な場合」とは，法令に基づく場合，人の生命・身体・財産の保護のために必要がある場合で本人の同意を得ることが困難なときなどのことをいいます。

　「オプトアウト手続」とは，第三者に提供される個人データについて，本人の求めに応じて提供を停止することとしている場合であって，あらかじめ，以下の項目について，本人に通知し，又は本人が容易に知り得る状態に置いた上で，本人の同意を得ることなく第三者に提供することをいいます。名簿業者など一部のものは個人情報保護委員会への届け出が必要になります。

・個人データを第三者に提供する旨

・提供する個人データの項目

・提供方法

・本人の求めに応じて提供を停止する旨

・本人の求めを受け付ける方法

　また，「匿名加工情報」，「要配慮個人情報」など特別な扱いをする個人情報や，個人情報にはあたらないがプライバシー権侵害のおそれがある情報にも留意すべきです。〈事例⑥，㉜〉

　なお，2020年6月に成立した個人情報保護法の改正により，「仮名加

工情報」の制度が導入され，データ活用の推進につながることが期待されています。他方で，保護対象の拡大，外部提供規制，情報開示の充実などコンプライアンス強化も行われ，アライアンスを進める際には注意が必要です。

③不正競争防止法

　技術情報や顧客情報の提供を伴うアライアンスやデータの利活用を目的にしたアライアンスにおいては，不正競争防止法上の「営業秘密」や「限定提供データ」について理解しておくことが重要です。営業秘密は，秘密管理性，有用性，非公知性の要件を満たす場合には，知的財産の一種として，不正競争防止法によって保護されます。商品の製造方法，実験データ等の技術情報や顧客リスト，販売マニュアル等の営業情報などがこれに当たります。特に秘密管理性が問題になることが多く，具体的な管理方法については，「営業秘密管理指針」（経済産業省，平成15年1月30日公表，平成31年1月23日最終改訂）が参考になります。

　営業秘密が第三者によって不正に取得，流出，漏洩等された場合には，当該第三者や流出・漏洩したことを知りながら営業秘密を取得した者に対し，同法に基づき，損害賠償請求や差止請求等をすることが可能ですし，刑事罰の対象にもなります。

　自社の技術や情報を特許化して保護するのではなく，営業秘密として管理することとした場合，漏洩等によってひとたび公に流出してしまえば，もはや秘密管理性を喪失するので営業秘密ではなくなります。そうなると法律による保護を受けられなくなってしまいますので，情報管理には細心の注意を払う必要があります。近年海外への技術流出が大きな問題になっており，社内管理体制をしっかり構築するとともに，従業員や退職者から流出しないよう，技術者に関する労務管理の強化や転退職者へのフォローも重要になっています。

　また，アライアンスにおいて，第三者に対して自社の営業秘密の使用を許諾する場合には，相手方に重い秘密保持義務を負わせ，後から利用方法や流出ルートを追跡できるよう管理するなどして，目的外利用や情報漏洩を防ぐことが必要です。

　なお，限定提供データ（業として特定の者に提供する情報として電磁的方法により相当量蓄積され管理されている技術上または営業上の情報であって，秘密として管理されているものを除く。）についても，営業秘密と同様に保護されています。データを提供する方も受ける方も，これらの情報が含まれているかどうか，含まれている場合はどのように管理するかについて留意すべきです。

第3　M＆Aとの違い

　アライアンスとM＆Aは，他社の経営資源で自社の経営資源を補う点においては共通しますが，その違いは，相手方の事業又は会社に対する支配権（経営権）の取得を求めるかどうかです。アライアンスの場合は，M＆Aと違って他社の経営権の取得まで至らない，柔軟で緩やかな協力関係を築くことになります。つまり，M＆Aが他社の経営資源を自社で取得するか，支配下に置くのに対し，アライアンスはその経営資源を他社に残したまま自社でも利用することになります。

　M＆Aの場合は，株式取得や事業譲渡のようにまとまった買収資金か必要になるか，合併，株式交換や会社分割のように対価として自社の株式を大量に発行することが必要になります。それに対して，アライアンスの場合は，一時的に多額の資金が必要になることはなく，契約の締結により比較的簡単に成立します。

　また，M＆Aは相手方が反対していても敵対的に買収することが可能な手法（上場会社に対する公開買付け）もありますが，アライアンスは双方が合意しないと成立しません。アライアンスは，相手方の経営を支配せず，相互にメリットを感じた当事者が共同でビジネスを行っていく関係になります。

　終了時においても，M＆Aがいったん実行されるとその解消や条件変更がなされないのに対し，アライアンスはM＆Aよりも関係性が弱く，契約を解除することにより比較的容易に解消できます。

　そのため，アライアンスからスタートして徐々に関係を深めていき，

お互いを深く知った上でＭ＆Ａの実行に至るということもよくあります。相手方の経営資源を活用するという意味では，アライアンスとＭ＆Ａは共通しており，それぞれのケースごとに最適な手法を選択すべきなのです。

　ただし，Ｍ＆Ａを広義で使う場合は，アライアンスまで含めていうこともありますので注意が必要です。Ｍ＆Ａとアライアンスの関係を図で示すと【図表-1】のようになります。

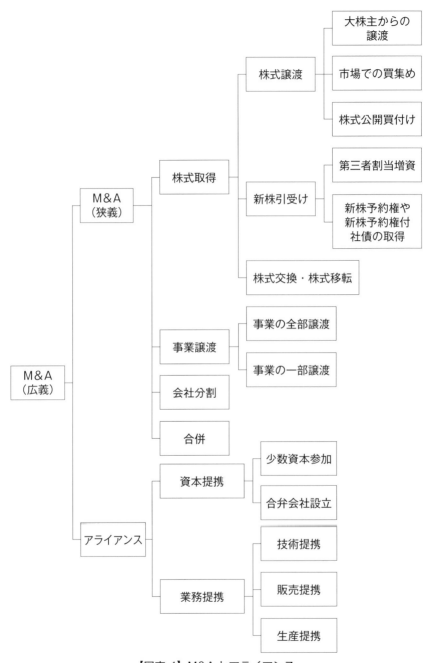

【図表-1】M&A とアライアンス

第2章　アライアンスの種類

第1　総論

　前述のとおり，アライアンスの種類としては，契約関係に基づく業務提携と，資本関係に基づく資本提携に分けられます。それぞれのアライアンスには，主に以下のようなものがあります（【図表-2】）。株式取得，事業譲渡，合併について，Ｍ＆Ａと呼ぶのが一般的です。

【図表-2】アライアンスとＭ＆Ａ

【業務提携】

技術提携	生産提携	販売提携	その他
ライセンス契約，共同研究開発契約等を結び技術を利用する	製造委託契約，OEM契約等を結び製品を生産する	販売店契約，代理店契約，OEM契約等を結び商品を販売する	物流，購入提携，データ提携等

【資本提携とＭ＆Ａ】

資本提携	M&A		
少数資本参加 （合弁会社）	株式取得 （株式交換を含む）	事業譲渡 （会社分割・分社を含む）	合併 （株式移転による事業統合を含む）
合弁会社の設立や株式持合いにより協力関係を築く	株式を取得して経営支配権を握る	事業や工場等一部の資産を譲渡する	会社や事業を統合する

　業務提携は，独占禁止法上の観点からは，一定の取引分野において競争関係にある企業同士がアライアンスする水平的アライアンス，生産から消費者への販売に至るまでの各段階のうち異なる段階に位置する企業同士がアライアンスする垂直的アライアンス，これらの複合形態等といった分類ができます（【図表-3】参照）。

　垂直的アライアンスにおいては，アライアンス相手と同じレベルに位置する自社の取引先との利害対立が生じる可能性があります。つまり，

製造者Ａが卸業者Ｃとアライアンスすると，製造者Ａとすでに取引し
ていた卸業者の立場を害することになりかねません。そのため，水平的
アライアンスの方が多く行われていますが，製造者ＡとＢのシェアが
合わさることにより，市場へ与える影響が大きくなるため，独占禁止法
上はより問題になりやすいのです。これらのアライアンスを総合的に行
うものを包括的アライアンスと呼ぶこともあります。

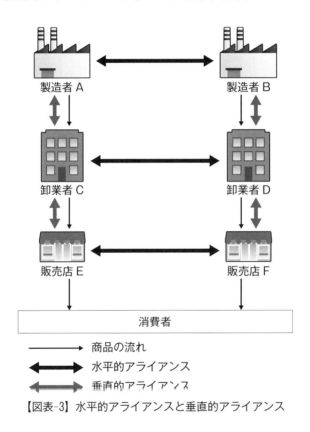

【図表-3】水平的アライアンスと垂直的アライアンス

第2　アライアンス形態の選択

1. 選択の考え方

　どのアライアンス形態を選ぶかは，アライアンスの目的や調達できる

資金等によりますが，大きく分けると技術提携を目的とするか否か，資本提携を組み合わせるかどうかの違いです。

　技術提携を含む場合は，自社の中核技術なのか周辺技術（又は休眠技術）なのかによってその重要性や注意点が変わってきます。中核技術の場合は，秘密保持等の観点から，交渉がブレークした場合やアライアンスを解消する場合の処置について，より慎重に検討する必要があります。競合会社とのアライアンスをきっかけに，自社の中核技術を事実上奪われてしまうことにならないよう注意すべきです。

　資本提携を組み合わせるかどうかは，より永続的かつ堅固な関係を築きたいかどうかが大きな要素となります。一定の出資を行って株式を取得する場合は，当然その投資に見合う利益を得るために一定期間アライアンスを継続することになり，また，解消時にはその株式の処分が大きな問題になります。単に契約を解除することによって関係が解消する業務提携と違い，資本提携は株式を取得することによってより解消しにくいアライアンスとなります。20％程度以上の株式を取得する場合は，契約上経営に関与する権利について合意することが多いです（株主間契約）。また，対外的にも，より強いアライアンス関係を結んだことをアピールする効果があります。

2.　アライアンスと事業フロー

　各業務提携が実際の事業活動のどの場面で行われ得るかを一般的な事業フローに沿って示すと，下図のとおりとなります。

【図表-4】業務提携と事業フロー

（出典）「業務提携に関する検討会」報告書（公正取引委員会競争政策研究センター，令和元年7月10日）

　アライアンスは，いずれの事業の段階でも行われ，これらの業務提携に資本提携を組み合わせることもよくあります。近年の業務提携は，データの利活用自体を目的としたものや，データの提供を伴うものが増えています。特に，規模や効果が大きくなる技術提携，生産提携，販売提携が重要であり，紛争も生じやすくなります。

　以下において，上記3つのアライアンス形態の概要について，紛争になりやすいポイントを中心に解説していきます。

第3　販売提携

1. 販売提携とは

　販売提携は，メーカーが，アライアンス先の販売店が有する販売資源，つまりブランド，販売チャネル，販売人材等を活用し，その販売力を強化し，市場への参入を速めるとともに，アライアンス先も新規顧客の開拓や売上げの増大につながる方法です。他方で，メーカーのマーケティング方針と合わない販売やアフターサービスが行われ，ブランドイメージが低下するリスクがあります。

　販売提携では，主に販売店契約又は代理店契約が締結されます。販売店契約は，メーカーが販売店に製品を販売し，販売店は顧客に製品を転売する類型です。代理店契約は，代理店がメーカーの代理人として顧客と売買契約を締結し，その法的効果はメーカーに帰属します。代理店が販売の代理ではなく，媒介（仲介）のみを行う契約形態もあります。

　販売店は，代金回収，在庫，欠陥品等のリスクを取りますが，代理店は取りません。その分，販売店の方が得られる利益も大きいのが通常です。両者を合わせて販売代理店契約と呼ぶこともあります。

　後述するOEM契約も，メーカーの側から見れば，相手先のブランドを付して生産した製品を相手先を通じて販売するという販売提携の側面もあります。

　また，フランチャイズ契約も，販売提携の側面があります。同契約は，本部が加盟店に対し，商品やサービスの販売権，ブランドの使用権を与

え，それに伴うノウハウの指導・教育を行い，加盟店から保証金やロイヤルティを得る仕組みです。

2. 販売店契約
（1）販売店契約とは

　販売店契約は，販売店（ディストリビューター）が，自己の名前と計算で仕入れた商品を指定された地域（テリトリー）内で再販売し，代金回収リスク，在庫リスク，欠陥品リスクを負担する契約です（【図表-5】参照）。

〈事例⑦〉

　販売店は，自ら顧客への販売価格を設定して高い利益を得ることができますが，販売できない場合はその損失を負担することになります。メーカーは，商品を売り切ることができますが，市場における価格決定権を失います。また，メーカーは，販売店の販売力に期待することになるので，販売促進に関する義務を課し，それに協力します。特に，独占的な販売店契約の場合は，最低購入数量について義務を課すのが一般的です。想定した販売量に達しない場合や，契約終了時の当事者の権利義務をめぐって紛争になることがあります。

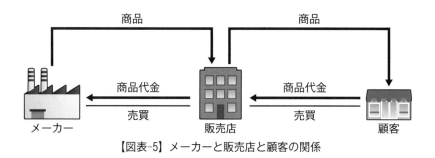

【図表-5】メーカーと販売店と顧客の関係

販売店契約において主に問題になる事項は以下のとおりです。

・対象製品
・販売権の内容（独占か非独占か，独占の場合の売主の直接販売権の扱い，最低購入数量の有無，販売地域）

- 競合品の取扱い
- 販売価格，支払条件及び注文手続
- 引渡し，所有権移転及び危険負担
- 品質保証，受入検査，リコール対応及び契約不適合責任
- 商標の使用許諾
- メーカーの知的財産権に関する保証の有無・範囲
- 品質，製造物責任，知的財産権等に関する第三者からのクレームへの対応（相手方に対する補償の有無・範囲，保険の取扱い等）
- 販売促進活動（各当事者の役割，商標権，ロゴ等の使用の可否等）
- 販売店の報告義務（在庫数量，顧客の名称等，販売数量，販売見込み，顧客からのクレーム等について）
- 契約期間及び契約の終了（継続契約関係の解消）
- 契約終了の効果（販売店製品在庫の取扱い，競合製品の取扱禁止等）

　販売提携に関する契約の作成にあたっては，独占禁止法上の「不公正な取引方法に該当するか否か」に留意する必要があります。販売店契約と代理店契約については，「流通・取引慣行に関する独占禁止法上の指針」（公正取引委員会平成 3 年 7 月 11 日公表，平成 29 年 6 月 16 日最終改正，以下「流通・取引慣行ガイドライン」といいます。）が参考になります。

（2）販売権の付与

　販売権とは，販売店がメーカーから許諾を受けて一定の商品を一定の地域で販売をする権利のことをいいます。

　販売権の種類としては，独占的販売権（一手販売権）と非独占的販売権があります。販売店としては，商品の販売のために，広告宣伝費や人件費をかけて市場を開拓するので，独占的に販売することにより，それに見合った利益を得たいと考えるのが一般的です。メーカーとしては，独占的な販売店では，そこがきちんと販売してくれないことには利益が出ないことになり，複数の販売店を指定したいと考えます。他方で，独占

権を与えることにより，販売店が十分な販売資源を投下するインセンティブになるという面もあります。双方の立場の強さ，販売網の整備やマーケットの状況等によって，独占にするかどうかをまず決めることになります。

　独占的販売権の場合は，メーカーや第三者が直接地域内に販売することを通常は禁止しています。場合によっては，メーカーが地域内で例外的に販売できることを規定することもあります。〈事例⑥〉

　メーカーに対し，第三者を経由して地域外に販売することまで禁止すると，並行輸入阻害の問題が生じるおそれがあるため，独占禁止法上そこまでは制限してはなりません。また，契約の対象製品については，販売権を付与した製品の範囲をめぐって後日紛争にならないよう，なるべく具体的に規定する必要があります。

　販売店に対し，一定の地域を責任地域としたり，その地域でのみ積極的な販売活動を行うことを義務付けたり，販売拠点の設置場所を一定地域に限定することは，独占禁止法上も問題とはなりません。しかし，販売店の地域外での販売を一切制限したり，地域外の顧客の求めに応じた販売を制限することは，競争制限効果があり独占禁止法違反となるおそれがあります。

(3) 最低購入数量

　独占的販売権の場合は，最低購入数量又は金額が規定されるのが一般的です。ライセンス契約のミニマムロイヤルティと同様の趣旨の規定で，メーカーの収益の最低保証の意味があります。数量の決め方はマーケットの状況を予測して慎重に行う必要があります。

　未達成の場合のペナルティにも注意すべきです。最低購入数量と実際の購入数量との差額を損害賠償として支払うだけでなく，違約金を支払わせる，独占的権利を非独占的権利に変更する，契約を解除するなどのペナルティがあり得ます。〈事例⑨〉

　販売店としては，最低購入数量の達成を最善努力義務にするか，目標金額として規定し，達成できない場合でも義務違反にならない形にする

ように交渉すべきでしょう。また，仮に義務とする場合でも，1年目で達成できなかったらすぐペナルティとするのではなく，2期連続又は合計で2期達成できなかった時に初めてペナルティが発動されるような規定にすることもあり得ます。

さらに，解除の場合，販売店が，最低購入数量未達成による損害賠償義務を残りの有効期間中について負うのかどうかも問題になります。代わりの販売店を探すまでの合理的な期間とするのが，1つの解決方法です。

(4) 価格決定

メーカーが，販売店から顧客へ販売する価格を拘束することは，販売業者間の競争を減少させることになるので，独占禁止法の再販売価格の拘束にあたり違法となります。

メーカーが設定する希望小売価格等も，販売店の単なる参考のために示される限りは問題となりませんが，事実上の拘束力を有する場合は違反となる可能性があります。また，価格決定の際の相互協議による条項や，価格変更の事前協議条項も，その運用によって再販売価格の拘束につながる場合は問題になる可能性があります。事後的に通知する条項も，両社の力関係から事実上拘束する効果がある場合は問題となり得ます。

(5) 品質保証

メーカーが，販売店に対し，製品の品質保証をどこまでするかは重要な交渉ポイントとなります。製品仕様を満たすことだけを保証し，それ以外は一切保証しないことを明記することもあります。他方で，製品が特殊な場合や販売店の立場が強い場合は，法令・基準等への適合性や使用目的・用途への適合性等についてまで保証することもあります。仕様が明確に定められていない場合は紛争になるリスクがあります。

保証期間，補償金額の上限，契約不適合（改正前民法では瑕疵）の範囲（保証する製品の欠陥や故障の範囲），請求手続などが問題になります。保証期間中の欠陥・故障に対する修理，交換，代金減額等の処置を規定し，

補償金額に上限を設けるときはそれを明記します。改正民法上の契約不適合責任との適用関係についても明確に規定しておくべきです。

　保証期間は，販売店が製品を一定期間保管することを考慮すると，メーカーの販売店への保証期間が，販売店の顧客への保証期間より長く設定されていなければ，販売店が顧客からのクレームをメーカーに転嫁できないおそれが生じます。当該クレームがメーカーの製造に起因する場合を考えると，そのような事態は販売店にとって酷です。したがって，メーカーの販売店に対する保証期間を，販売店の顧客に対する保証期間より長くすることが合理的です。販売店に検査義務をどこまで負わせるかについても問題となります。〈事例⑫〉

(6) 製造物責任

　顧客から，メーカーや販売店に対し，製造物責任に関して請求があったときの防御についてや，責任が認められた場合の補償についても規定しておくべきです。

　日本法上，製造物の欠陥には，一般に，①設計上の欠陥，②製造上の欠陥，及び③指示・警告上の欠陥の3種類があります。①は，設計自体に問題があるために安全性を欠いた場合，②は，設計や仕様どおりに製品が製造されなかったために安全性を欠いた場合，③は，製品から除くことが不可能な危険がある場合に，取扱説明書などで適切な指示や警告をしなかった場合のことをいいます。

　製造物責任は，被害者である顧客からの請求に対して，メーカーと販売店がその帰責事由に応じて損害賠償の責めを負うのが公平です。製造物責任保険に入ることによって，両社トータルのリスクや損害の負担を軽減することも検討すべきです。

　なお，販売店は，③の欠陥に関与した場合又は輸入業者である場合以外は，原則として被害者に対して直接責任を負うことはありません。ただし，アメリカのように消費者を強く保護している国もあるので，販売店所在地国の製造物責任法の内容について注意すべきです。〈事例⑪〉

（7）知的財産権に関連する保証条項

　メーカーから販売店への知的財産権に関連する保証には，無効原因がないこと，第三者の権利を侵害していないこと，第三者から権利侵害されていないことなどがあります。特に権利侵害に関しては，①対象製品が第三者の保有する知的財産権を侵害するかそのおそれがある場合と，②第三者の保有する知的財産権が対象製品の知的財産権を侵害するかそのおそれがある場合について，それぞれ検討しておく必要があります（図表-6参照）。

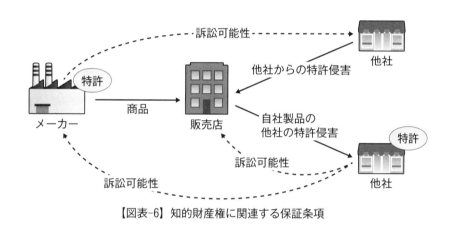

【図表-6】知的財産権に関連する保証条項

　販売店としては，対象製品についてこのような侵害があった場合は，製品をそれ以上販売できなくなるので，メーカーとしてはそれによって被る販売店の損害を補償するなどの必要が出てきます。

　①の場合は，主として侵害により生じた損害の補償が問題になります。例えば，対象製品に使われている技術が第三者の特許権を侵害している場合，第三者から販売店に対して販売の差止めや損害賠償の請求が来る可能性があります。その場合，販売店が被る損害をメーカーがどの範囲で補償するかを決めておかねばなりません。

　②の場合は，主としてメーカーが侵害訴訟を提起するなどして第三者に損害賠償を求める際の権利義務が問題になります。例えば第三者が販売している製品が使用している技術が，メーカーの特許権を侵害してい

る場合，販売店はその事実をメーカーに通知し，メーカーは自らの責任と費用で第三者に対して特許権侵害訴訟を提起することを規定します。

　いずれの場合も，テリトリー内の知的財産権について事前に全て調査することは不可能であり，メーカーとしては，無制限に保証することは避ける必要があります。

(8) 販売店の義務とは

　契約上販売店の主な義務として検討すべき項目は以下のようなものがあります。義務として入れるべきかどうか，またどの程度の義務にすべきかを考えなければなりません。

①アフターサービス，保守の義務

　顧客に対して，製品に関するアフターサービスや保守サービスを行う義務が規定されることがよくあります。サービスの内容，期間，有償無償の別などを規定します。

②在庫確保の義務

　顧客のニーズに適時に応えるために必要な在庫の確保義務が規定されることもあります。販売店としては必要以上の在庫を抱えることにならないよう注意する必要があります。また，契約終了時の在庫の処分方法との関連でも注意が必要となります。

③宣伝広告，販売のための活動報告義務

　通常，宣伝広告，販売促進のための費用は販売店が負担し，その責任で行います。メーカーは，そのための材料を与えたり，宣伝広告の内容を管理するため承認権限を有することもあります。特に，販売店によるメーカーの商標の使用については，ブランド維持の観点から一定の制限が置かれるのが一般的です。活動報告義務については，販売店の負担とメーカーのニーズとを考慮して，報告の内容，頻度等を規定します。

〈事例⑥〉

④競合品取扱制限の有無

　販売店に独占的販売権を与える場合は，他の競合品の取扱いを禁止する競業避止義務を課すのが一般的です。市場における有力なメーカーが

販売店による競合品取扱いを制限することにより，新規参入の制限や代替的な流通ルートの確保を困難にする場合は，独占禁止法上問題となるおそれがあります。

　また，競業禁止の範囲について紛争になることが多いため，どの範囲までを競合品と見るかについて当事者間で意識合わせをしなるべく明確に規定すべきです。契約締結時点で扱っている製品をどうするか，契約終了後の競業避止義務を課すかなども争点となります。独占禁止法の観点からは，契約終了後の競業禁止も，秘密情報の流用を防止するため等正当な理由があり，必要な範囲の期間的な限定（2年程度が上限）があれば，問題ないと考えられています。〈事例⑬〉

(9)　契約解除の制限

　期限の定めのない契約や期間満了後自動更新が繰り返されている契約で，長期間継続している場合は，継続的契約として解除が制限される場合があります。裁判例の多くは，諸事情を考慮して，契約を直ちに解除するためには，「やむを得ない事由」や「信頼関係の破壊」等の合理的な理由が必要としています。そのような理由がなければ，売上高や販売店の規模等にもよりますが，メーカーに対し，半年から1年間の得べかりし利益の補償か，同様の期間の事前予告が求められることになります。逆にいえば，メーカーは，この程度の補償か事前予告をすれば，販売店がどんなに長期間活動し，市場の開拓に貢献したとしても，契約期間が満了すればアライアンスを終了できることになります。販売店としての立場は，このように不安定なものであることは認識しておくべきです。〈事例⑭〉

　また，契約期間中の解除条項に基づく解除や債務不履行による解除についても，「やむを得ない事由」や「信頼関係の破壊」を必要としたり，信義則違反や権利の濫用にあたらないことが求められたりします。改正民法が軽微な債務不履行による解除を制限したことも，継続的契約の解除を制限する主張を補強することになるでしょう。

　なお，国によっては，販売代理店の保護法制があり，契約上これに反する規定を設けても無効とされることがあるので注意が必要です。例えば，EU代理店法においては，契約の期間によって解約通知の期間や補償の額について販売代理店に有利なように一定の制限が規定されています。アラブ中東諸国では，イスラム法の影響で解約に関して特殊な販売代理店法制があり，販売代理店の同意なく解約することが難しい法制になっています。中南米諸国にも，不当な解約を制限する特別法を有する国があります。

（10）契約終了時の処理

　契約終了時に販売店が抱える在庫の処理については，一定期間に限って販売を認める場合，廃棄を求める場合，メーカーが買い戻す場合があり得ます。実務上は，メーカーが販売店に販売した価格で買い戻す権利を有するとする規定とします。販売を認める場合は，値崩れが生じるおそれがあるので注意が必要です。

　また，契約終了後に存続する義務（競業避止義務，守秘義務など）についても，存続する期間や義務の範囲も含めて明確に規定しておくことが望ましいでしょう。

3．代理店契約
（1）代理店契約とは

　代理店契約は，代理店（エージェント）がメーカーの代理として，商品を販売する契約です（【図表-7】参照）。代理店は，メーカーの名前と計算でテリトリー内で顧客と売買を行い，メーカーからその売買の額に応じた手数料を取るので，代金回収リスク，在庫リスク，欠陥品リスクは負いません。メーカーは，これらのリスクを負担する反面，価格決定権を有します。また，顧客との売買契約はメーカーが自ら締結しますが，代理店がその契約の成立のために仲介，斡旋，媒介等を行う類型もあります。

　代理店契約においても，販売店契約における留意点と共通することが多いでしょう。主に異なる点は以下のとおりです。

・売買の当事者はメーカーと顧客であるため，代理店の義務の範囲と限定的な役割を明確にすることが重要です。

・顧客との個別契約のフォーム，報告・連絡の方法，宣伝広告の方法等をメーカーが代理店に対して細かく指定します。

・代理店の収益は手数料収入によることになります。手数料の決め方で代理店のインセンティブも異なってきます。

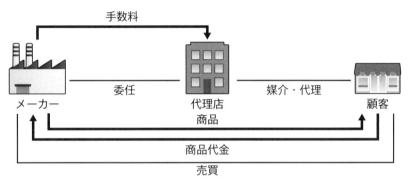

【図表-7】メーカーと代理店と顧客の関係

（2）総代理権の付与の有無

　代理店は，その行為，権限の範囲によって，媒介代理と締約代理とに分けられます。媒介代理とは，売主のために顧客からの注文を獲得する仲介，媒介を行いますが，契約の締結権限を持たないものをいいます。締約代理は，顧客との間の売買契約を本人に代わって，本人のために契約を締結（署名）する権限を有するものをいいます。独占的代理権（総代理権）の付与の有無とその効果については，販売店契約と同様です。

（3）商品・販売地域の指定

　商品と販売地域の指定は，特に総代理権がある場合に重要になります。総代理権がある場合，代理店はその地域においては独占的にメーカーを

代理できることになる代わりに，類似品を扱えないという競業避止義務が課されることになります。義務の範囲を明確にするため，商品や販売地域は明確に規定する必要があります。

（4）販売宣伝活動，契約締結・代金回収・商品引渡しについての協力義務

　代理店には，販売宣伝や販売促進に関する義務が課されることが一般的です。努力義務なのか具体的な数値を伴う義務なのかも交渉の焦点になります。契約締結等についての協力義務についても同様です。特に総代理店に対しては，厳しめの義務が規定されることになります。

（5）競合品の取扱制限の有無

　総代理店の場合は競合品の取扱禁止が規定されることが一般的です。競合品の範囲，禁止される主体（関連会社も含むか），禁止される行為態様，契約終了後の義務の継続等について確認しておくべきです。

（6）最低販売数量・金額

　最低販売数量又は金額についての義務は，総代理店に対して通常課されます。総代理店としては，ビジネスプランに基づく合理的な範囲で合意すべきです。達成できない場合のペナルティについても，販売店契約と同様に具体的に規定しておく必要があります。

（7）代理店手数料

　代理店の手数料に関しては，手数料の決め方，支払方法，支払時期，実費の負担，報告書の提出義務などが規定されます。「お金」に関することは後日紛争になりやすく，金額が大きくなると回収も困難になるので，明確な規定を設けるべきです。一定以上の実績が達成されると，メーカーから代理店に対し報奨金が支払われることもあります。〈事例⑧〉

（8）立入検査権

　メーカーは，代理店から手数料の計算に関する情報提供を受ける権利に加え，本章第4の2（4）②で述べるロイヤルティ監査と同様に立入調査権を規定することもあります。ただし，ロイヤルティ監査ほど一般的に規定されている条項ではありません。

（9）契約終了時の処理

　契約終了時に，顧客から代理店に注文がなされているものについては，メーカーから代理店に手数料が支払われることになります。契約終了前の代理店の活動，努力によって，契約終了後に顧客から注文がなされたものについては，手数料の支払義務の有無が問題になるため，契約にその取扱いを明確に規定しておくことが望ましいでしょう。また，販売店契約と同様に，解除の制限や，解除後の補償の要否が問題になることがあり，この点もできるだけ明確にしておくべきです。

第4　技術提携

1. 技術提携とは

　技術提携は，他社の有する技術資源を自社の開発，製造，販売等に活用するプロセスです。契約形態は，特許やノウハウのライセンス契約や新技術・新製品の共同研究開発契約が典型的です。製品等に採用される規格を共同で策定する標準化提携もここに含めることができます。また，近年は，データを共同して収集・利活用することを目的又は事業活動の基盤として行われる業種横断的な業務提携も行われるようになっており，共同研究開発に似た性格を有しています。

　他社の技術を自社のものと組み合わせることにより技術革新につながるメリットがある反面，技術の流出や目的外利用のリスクがあります。自社のコア技術とノンコア技術を区別し，どの分野でアライアンスを行うかを慎重に検討すべきです。

　なお，前述のフランチャイズ契約も，ブランドやノウハウの使用権を

与え，保証金やロイヤルティを対価として受け取るという点では，技術提携の側面があります。

2. ライセンス契約
(1) ライセンス契約とは

　ライセンス契約は，知的財産権の保有者（ライセンサー）が，その権利を利用したい者（ライセンシー）に利用を許諾し，ライセンシーはライセンサーに対し，ロイヤルティ（ライセンス料）を支払う契約です（【図表-8】参照）。

　ライセンス契約において許諾する権利は知的財産権であり，その内容は特許，ノウハウ等の技術のライセンスが中心となりますが，商標，ブランドのライセンス，ソフトウェア，キャラクター等著作権のライセンス等が付随することもあります。許諾する知的財産権の保有者（ライセンサー）は，本来その権利について排他的な使用ができますが，ライセンスをすることによって，ライセンシーに対してその排他性を主張しないと約束することになります。ライセンスを受けた権利については，ライセンシーは，契約条件の下で自由に利用できることになります。ライセンサーはライセンシーの製造販売能力を，ライセンシーはライセンサーの技術力を活用することにより，早期の事業化や収益確保を可能にする仕組みといえます。

　ライセンシーは，目的，地域，期間等一定の制約の下でその知的財産権を使用できます。契約内容としては，許諾する権利の内容と，その対価として支払われるロイヤルティの規定が最も重要です。権利の内容は，知的財産権という無体財産であるため，その特定と無効事由や権利侵害があった場合の保証等許諾の対象についてきめ細かな規定が必要になります。これらの事由が生じると契約の前提としていた知的財産の価値が減少することになるので，ロイヤルティの調整等がなされるべきです。

　また，特許化されて公知になった技術のライセンスであっても，ライセンシーが有効に活用できるよう，ノウハウや技術情報も提供するのが一般的であり，その範囲の特定や秘密保持が重要な交渉のポイントにな

ります。ノウハウはいったん開示してしまうと事実上回収は困難になり，第三者への流出や目的外利用のリスクがあるので，その範囲や開示方法を慎重に検討する必要があります。

　双方当事者が，お互いにライセンスを付与し合う形態をクロスライセンスと呼びます。クロスライセンスにおいては，双方の技術の価値がほぼ同等であれば，対価であるロイヤルティが相殺されて支払われません。技術の価値にある程度の違いがあれば，その差額に相当する対価について支払われることもあります。

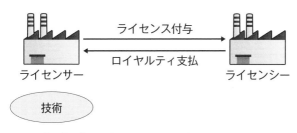

【図表-8】ライセンサーとライセンシーの関係

ライセンス契約において主に問題になる事項は以下のとおりです。

・対象特許・ノウハウ
・実施権の内容（独占か非独占か，再実施許諾，製造委託の有無，許諾製品，許諾地域，許諾期間）
・ロイヤルティ（最低実施料の有無），支払条件（固定額か，ランニング・ロイヤルティか，一時金とランニング・ロイヤルティの併用か）
・ロイヤルティ監査，違約金
・ライセンサーの義務：情報提供，技術援助，最恵待遇等
・ライセンシーの義務：競合品取扱禁止，実施義務，不争義務，秘密保持義務等
・保証責任（許諾特許の有効性の保証，許諾特許等の権利が第三者に侵害された場合の措置，許諾特許等が第三者の権利を侵害していない旨の保証・侵害したときの取るべき措置）
・改良技術の取扱い（アサインバック，グラントバック）

> ・開発制限
>
> ・当事者の倒産，組織再編等に関する規定
>
> ・契約終了後の取扱い（ノウハウの返還，在庫品の取扱い等）

　ライセンス契約においては，ライセンサーの立場が強く，技術の利用に関して不当な制限を加え，技術や製品をめぐる競争に悪影響を与えることがあります。契約条項の作成にあたっては，独占禁止法上の「不公正な取引方法」に該当するか否かに留意する必要があります。その際には，「知的財産の利用に関する独占禁止法上の指針」（公正取引委員会，平成19年9月28日公表，平成28年1月21日最終改正，以下「知的財産ガイドライン」といいます。）が参考になります。以下，技術（特許・ノウハウ）のライセンスを中心に解説します。

(2) ライセンス付与の検討ポイント

　ライセンス契約の最も重要な条項は，ライセンスの付与と，それに対するロイヤルティについてのものです。ロイヤルティ条項について検討する前提として，まずライセンス付与条項について解説します。

①独占性

（a）通常実施権と専用実施権

　特許権のライセンスは，通常実施権と専用実施権の2種類に分けられ，実施権を付与する条項はこの点を明確に規定する必要があります。

　専用実施権は，特許権者（ライセンサー）がライセンシーに対して特許発明を独占排他的に利用させるものです。特許権者は自らその特許発明を実施できず，第三者から特許権侵害があった場合には，ライセンシーが差止請求権と損害賠償請求権を有します。

　通常実施権は，特許権者（ライセンサー）がライセンシーに対して特許発明の実施を認める際に一般的に使われるもので，当事者間の契約によって効力を生じることになります。通常実施権においては，第三者から特許権侵害があった場合には，ライセンシーは差止請求権も損害賠償請求権も有しません。通常実施権は第三者の利用を排除する権利ではな

いためです。

　通常実施権には，独占的なものと非独占的なものがあり，独占的なものの中には，特許権者自らも実施できないように合意することもあります。その場合に専用実施権を設定しない理由は，専用実施権は登録が効力発生要件になっており，一律に特許権者が実施できないなど厳格すぎて利用しにくいという面があるからです。

(b) ライセンシーの独占的実施権の意義

　相手方が外国企業の場合のクロスボーダーの英文ライセンス契約において，独占的実施権と非独占的実施権の解釈が問題になることがあります。

　例えばアメリカのライセンサーが日本のライセンシーに exclusive license を与え，ライセンシーが独占的に製造，販売していたところ，アメリカのライセンサーが日本に進出してきて，自ら製造，販売を始めたという場合，それが契約に違反するかどうかは，ただ exclusive license としか契約書に書いていない場合は解釈が異なるおそれがあります。したがって，そのようなおそれがある場合には，ライセンサーは日本国内では自ら実施できないことを契約に明記しておくことが，将来の争いを防ぐことになります。

　つまり，独占的実施権は必ずしも専用実施権とイコールではなく，独占的な通常実施権が exclusive license の一般的な意味だと考えられます。国際的に exclusive license の意味が定義として確立しているわけではないため，exclusive license といったときにライセンサーが自ら実施できるのかどうかはよく争いになります。sole license あるいは semi-exclusive license という言い方をして，ライセンサーも実施できるということを明記する場合もあります。

②主たる実施権と再実施権とは

　ライセンシーがさらに第三者にライセンスをするのが再実施権（サブライセンス）です。ライセンシーが第三者に製造を委託する場合，第三者が，ライセンシーの指揮監督下でその手足（補助者）として製造し，全ての製品をライセンシーに納入し，ライセンシーから委託料をもらう

行為であれば，それは下請けにあたります。しかし，委託を受けた第三者がライセンシー以外の者にも販売したり，ライセンシーの指揮監督を受けずに製造したりする場合には下請けではなく再実施であるという裁判例（最高裁昭和44年10月17日判決）があります。

　したがって，ライセンシーが実際の製造を第三者に行わせる場合には，それが下請けになるのか再実施になるのかを吟味する必要があります。もし下請けでなく再実施となった場合は，再実施の権利をライセンサーからもらっておかないと，契約違反になるおそれがあります。契約上下請けと規定されていても，実際にその下請け会社がライセンシー以外にも販売している場合，上記基準に基づけば実態は下請けではないため，サブライセンスが認められていない限り契約違反になります。〈事例⑯〉

③許諾範囲

　特許実施権の範囲については，その地域，期間，内容等を明確に規定します。輸出は特許権の実施行為に含まれるため，特約がなければ輸出が禁止されていると解されることになります。ただし，独占禁止法上輸出の全面禁止が問題ないかどうかは事案によっては注意が必要となります。

　許諾の時間的制限に関しては，特許の場合には特許の有効期間が契約期間になることが一般的です。ノウハウの場合にはノウハウの性質にもよりますが，せいぜい5年から10年と思われます。ノウハウは時間とともに陳腐化したり，公知になりやすいため，あまり長い期間を設定すべきではありません。ライセンサーにとってはお金が入ってくればいいという面もありますが，ライセンシーにすれば，陳腐化したノウハウに対していつまでもお金を払いたくないということになります。

④許諾対象の特定

（a）出願番号・登録番号とは

　出願番号とは，個々の特許出願に付される番号で，出願年がわかるようになっています。登録番号とは，特許査定が終わり特許登録原簿に記載された番号です。

　登録制度がある知的財産権に関しては，その出願番号や登録番号を記

載すれば一応の特定にはなります。しかし，後に明細書が補正されて縮小されたときは，契約の対象である装置の内容も減縮されることもあるので注意が必要です。特許の登録が無効になり対象自体がなくなってしまうこともあり得るため，そのような場合の権利関係をどうするかも契約で決めておくべきポイントの 1 つです。

　出願中の発明についての独占権はありませんが，出願公開後に生じる補償金請求権の行使を回避するためにはライセンスを受けておく意味があります。その際，将来登録される可能性や補正の結果，発明の範囲が変動するリスクなどを慎重に判断する必要があります。

（b）ノウハウの特定をどのように行うか

　ノウハウは，知的財産ガイドラインによれば，「非公知の技術的知識と経験又はそれらの集積であって，その経済価値を事業者自らが保護・管理するもの」と定義されています。ノウハウの場合には登録制度がないため，契約上いかに内容を具体的に規定するかに知恵を絞ることになります。もらう方からすればできるだけ広くもらいたい，渡す方からすればできるだけ限定したいというところで問題になります。

　ノウハウを特定するときに，ノウハウは開示してしまえば秘密性がなくなり，ノウハウでなくなるというという性格があります。細かく規定すればするほど，交渉の段階でノウハウが失われてしまうということになりかねないため，非常に神経を使うところです。例えば生産技術に関するノウハウの場合，少なくとも原材料，製造プロセス，使われる製品等について規定しておくべきです。重要なノウハウの開示の際には，その検証のための対価としてオプション料を課すこともあります。

　他方，実際にそのノウハウが開示されても，それをライセンシーが使えなければ意味がありません。ライセンシーとしては，ただ書面に特定された物をもらえばいいというだけでなく，ライセンサーからの具体的な指導・教育まで含めたノウハウ，つまり人の頭の中に入っているコツのような部分までを含めてライセンスを求めてきます。したがって，ライセンサーが，単に物やデータを開示するだけではなく，人材の派遣や指導，教育まで含めた開示を規定する契約になるのが一般的です。

(3) ロイヤルティの規定方法

①ロイヤルティの種類

ロイヤルティの種類は，その算定方法によって様々な呼び方がされています。その主なものについて以下解説します。

(a) ランプサム・ペイメント（固定額払方式）

最初にまとまった金額を支払い，追加支払をしない方式です。この方式は売買契約に非常に近い形態になってきます。この方法の長所は，ライセンサーから見ればまとまった金額が最初に入ることで，開発費用の回収が一度にできることです。逆に短所としては，契約時に金額を決めると，後でライセンシーによる事業化の成功によって売上げが伸び，本当はもっと高い価値があった場合でも，追加請求はできません。将来の売上げや利益をお互いに予想して決めることになるため，新技術や新製品に関するライセンスでは合意が困難なことが多々あります。

したがって，差し迫った資金需要がある会社の場合にはランプサム・ペイメントで受け取ることもありますが，通常は主として次のランニング・ロイヤルティが使用されます。

(b) ランニング・ロイヤルティ（出来高払方式）

この方式は売上げ又は利益の一定割合で決めるので，契約締結時に将来の予測に基づく不確かな金額交渉をしなくてもよいのです。逆に，ライセンシーが将来もきちんと販売・製造してくれて，かつ支払能力があり続けることが前提となるため，両者の信頼関係とライセンシーの財務的な信用力が重要になってきます。将来ライセンシーが倒産した場合にはライセンサーの収益がなくなるというリスクもあります。

ランニング・ロイヤルティの決め方は，定額法で毎月同じ額をもらっていく方法もありますが，通常は定率法が使われ，生産額や販売額をもとに単位価格を決め，その何％という定率で決めることもあります。

さらに，後述するとおり，ミニマムロイヤルティという形で売上げにかかわらず最低限の支払義務を課すこともあります。これは特に独占的ライセンス契約の場合に重要です。対象の地域においては1社のみに独占的にライセンスしているため，その会社が対象製品を売らなかった場

合には，ライセンサーに全くロイヤルティが入ってこないことになります。ライセンサーの立場から見ると，定率法による独占的ライセンスの場合には，必ずミニマムロイヤルティを入れるべきでしょう。

(c) イニシャル・ペイメント＋ランニング・ロイヤルティ

　最初にイニシャル・ペイメント（頭金）を受け取り，その後さらに売上げ分からランニング・ロイヤルティをもらう方法です。イニシャル・ペイメントは，技術開発コスト，ライセンス契約の締結費用，特許取得費用等，ライセンサーが支払った費用の一部を回収するという性格があります。イニシャル・ペイメントは通常返還不能（non-refundable）という条件がつきます（その場合は一時金ともいいます）。アドバンス・ペイメント（前渡金）という場合は，ランニング・ロイヤルティの前払を意味し，その金額に達するまでランニング・ロイヤルティに充当していくことになります。

②算定方式

(a) ランニング・ロイヤルティの算定方式

　ロイヤルティの算定方式として最も広く用いられているのは，販売額をベースにした定率式のロイヤルティです。この方式のロイヤルティの額は，以下の式のように，対象製品の純販売価格に一定の料率をかけることによって算出されるのが一般的です。

ロイヤルティ＝対象製品の純販売価格×料率

　業界によっては，対象製品の生産コストや生産数量に一定の料率をかける方式も使われていますが，営業秘密を開示することになり，計算が煩雑になるなどの問題があります。

　ロイヤルティの算定方式は，ライセンス契約で最も問題になりやすい条項の１つであり，業界の慣行等も考慮に入れて詳細に規定する必要があります。

　対象製品は，通常，許諾特許から切り離して製品の仕様や名称などによって特定する方法（overall 方式）と，許諾特許を実施した製品と定義する方法（if used 方式）の２つがあります。overall 方式は，対象製品が明確になり，ロイヤルティの計算も簡単になりますが，複数の特許が利

用される製品や一定の製品について対象から外すような場合には定義の
仕方に注意が必要です。if used 方式は実施権付与の対価がロイヤル
ティであるという考え方に忠実ですが，実施の数や価格について後日争
いになる可能性があります。実施したかどうかはライセンシーにしかわ
からないため，ライセンサーの立場から見ると実施の数や価格について
疑念が生じることがよくあります。

　販売価格は，リスト価格，総販売価格，小売価格，純販売価格などが
使用されます。ロイヤルティの算定根拠としてはそれぞれ一長一短があ
りますが，純販売価格（正味販売価格，net sales price）が使われることが比
較的多いです。純販売価格とは，総販売価格から一定のコストを控除し
た残額のことをいいます。控除すべきコストは後日紛争にならないよう
明確に規定しておく必要があります。控除対象費目は，製品の種類，業
界の慣行，当事者間の力関係などにより異なりますが，一般的には，包
装梱包費，輸送費，保険料，倉庫保管料，割引料，リベート，原材料・
部品代等です。

　ライセンシーは子会社や関連会社に対して通常の価格より安く売るこ
とがありますが，その場合であっても独立当事者間取引（arm's length）
で売ったものとみなす規定もよく入っています。つまり，通常の第三者
に販売する場合と同額で販売したものとみなして計算することになりま
す。このような規定を置かずに請求書の金額（invoice price）で計算する
となると，実際に子会社や関連会社に販売する場合には安く販売するこ
とが多いため，その分ライセンサーはロイヤルティを取りそこなう可能
性があります。したがって，ロイヤルティ計算上は，通常の第三者と取
引する場合と同額で販売したとみなし，ロイヤルティを払うことにして
います。自家使用された製品についての取扱いも同様に規定しておくこ
とがあります。

　また，料率については，対象技術の収益性，業界相場，過去の実績，
契約条件（独占性，期間，地域など）を考慮して決められることになりま
す（経済産業省知的財産政策室編『ロイヤルティ料率データハンドブック』経済産
業調査会・2010参照）。契約期間を通じて均一の場合，実施数量の増大に

従って逓減（又は逓増）させる場合，実施地域・分野などによって相違
させる場合があります。均一の場合以外は，料率の適用に疑義が生じな
いよう明確に定める必要があります。

(b)　ロイヤルティ発生時期の取決め

　ロイヤルティに関しては，その発生時期を明確にしておくことが望ま
しいでしょう。発生時期としては，対象製品の販売契約締結時，引渡時，
所有権移転時，検収完了時，代金請求時，代金受領時などがあります。

　また，対象製品が輸出され，販売価格が外貨建の場合は，日本円への
換算レートの決め方を規定しておくべきです。なお，権利侵害の警告を
受けて和解する際にライセンス契約が締結される場合は，契約発効前に
実施された対象製品についてはロイヤルティの支払を免責したり，イニ
シャル・ペイメントの形で支払うなどの取扱いをされることもあります。

③ミニマムロイヤルティ

　独占的契約の場合，ライセンサーは，他にライセンスすることができ
ないため，ライセンシーが実際に支払うロイヤルティの額が重要となり
ます。独占的ライセンス契約においてはミニマムロイヤルティの規定が
ほとんど入っています。非独占的ライセンスの場合も，真摯なライセン
シーを選別する目的でミニマムロイヤルティを課すことがあります。

　ライセンシーとしては，実際に製品を販売できなくても，一定額の支
払を義務付けられるため，無理な金額設定をすると経営の圧迫要因にも
なり得ます。そのため，ミニマムロイヤルティの設定の際には，自己の
製造力，販売力，製品の市場性，景気動向などを考慮して慎重に判断す
ることが必要です。ミニマムロイヤルティの計算方法や期間設定を自社
の事業実態に有利な形に規定しておくことが重要といえます。

　ミニマムロイヤルティを設ける際は，その適用期間と計算方法に留意
すべきです。ミニマムロイヤルティを達成できなかった場合の精算方法
は種々ありますが，シンプルなものは，保証額と達成額との差額を毎年
1回支払って精算するというものです。前年度の超過分を当該年度の不
足分に充当したり，当該年度の超過分を次年度（又はそれ以降も）に繰り
越すことを認める方法もあります。年ごとの販売数の変動が大きいこと

が予想される場合は，前年度から繰り越せることはライセンシーにとって大きなメリットとなります。

　また，未達成の場合にペナルティを課すこともあります。例えば，2年間続けて達成できなかった場合には，ライセンサーの通知により独占的ライセンスが非独占的ライセンスに変わると規定します。この場合，自動的に非独占に変わるわけではなく，ライセンサーに選択権がある形の制裁もあります。さらに厳しい契約だと，精算に加えて一定の違約金を課したり，2年続けて達成できなかった場合は契約解除というものもあります。

　逆に，ライセンシーから見てミニマムロイヤルティを達成できるかどうかわからない場合には，ターゲット（目標）という形で規定することもあります。単なるターゲットとして規定すれば，達成できなくても契約違反とはなりません。ターゲットに加えて最善の努力（best effort）又は合理的な努力（reasonable effort）義務を規定すれば，ライセンシーが最善の努力又は合理的な努力をしたことを立証できなければ契約違反となるおそれがあります。ライセンサーの立場からすれば，単なるターゲットでなく，具体的な制裁を伴ったミニマムロイヤルティの条項にしたいということになります。ライセンシーによるマーケット開拓に一定の時間がかかることが想定されるような場合は，その期間だけターゲットとすることも考えられます。

④支払時期と方法

　ロイヤルティの支払時期，方法については可能な限り詳細に規定しておくべきでしょう。特に，ノウハウの場合は一度開示してしまうと元の状態に戻すことは難しいため，開示と対価の支払のタイミングに注意し，確実に支払を受けられる規定を設ける必要があります。また，源泉徴収税，消費税，送金費用，送金許可が取れていないときの処置，為替レートの決め方，送金日などに留意する必要があります。

⑤ライセンス契約の見直し条項

　契約開始時においては，技術，売上高，ライセンシーの経営状況，経済情勢など将来の予測が難しい不確定要素が多く，ロイヤルティ等の条件を決めることは難しい判断を伴います。そのリスクを軽減するために，一定の期間で条件を見直すという規定を入れることがあり，ライセンシーにとっても長期間にわたって不利な条件に拘束されるリスクを避けることができます。その時点で条件交渉してまとまれば，ライセンスを継続することになります。更改条件に一定の枠をはめてその中で交渉する形にすることもあります。

（4）ロイヤルティ支払を確実にする方法

①ロイヤルティ報告書

　ロイヤルティの支払に関しては，計算期間，計算方法，支払方法などが規定されます。計算期間は，1年ごと又は半年ごととするケースと毎月にするケースがあります。計算方法については，ロイヤルティ算出の基礎データをライセンサーに通知するため，ロイヤルティ報告書の作成が求められるのが一般的です。定率式のロイヤルティの場合は，販売数量，販売価格，控除すべきコストの額，ロイヤルティが免除，軽減される対象製品などが報告されます。ロイヤルティの発生源となる国が多数にわたる場合は，国ごとに貨幣換算率を含めた算出基準を規定し，それに基づいた報告を求めるべきです。ただし，ライセンシーの顧客の名称は，ライセンシーの企業秘密であるので，報告を求められないことが多いようです。

　なお，販売価格を決定又は変更する都度ライセンサーに報告させることは，ライセンシー又はそれ以降の流通に携わる者の価格決定の自由を拘束するおそれがあります。そのような目的・効果を有する報告については，拘束条件付取引として不公正な取引方法にあたり，独占禁止法違反の可能性があります。

②帳簿の保管・ロイヤルティ監査

　ライセンサーは，ロイヤルティの支払の正確性を担保するために，通

常ライセンシーの帳簿等の監査権を契約上規定しておきます。この規定に基づいて行われる監査のことをロイヤルティ監査といいます。かかる規定がないと，ライセンサーはライセンシーの帳簿を同意なしに監査できないと考えられています。

　ロイヤルティ監査に実効性を持たせるため，ライセンシーに帳簿の作成・保管義務を課すことが一般的です。サブライセンシーがいる場合は，ライセンシーに対し，サブライセンシーに帳簿を保管させる義務を課すこともあります。

　ランニング・ロイヤルティの場合は，その計算根拠となった帳簿等が残っていないと，ロイヤルティ監査においてその正確性を確認するのは困難です。契約上は，ロイヤルティ監査について定める条項の中で，保管すべき帳簿等の内容，保管場所，保管期間などについて規定されるのが一般的です。ロイヤルティの支払の正確性を確認するため，ライセンサーはライセンシーに対し，支払の明細を証する資料等の提出を請求する権利を有し，ライセンシーはその提出義務を負うことが定められます。

　本格的なロイヤルティ監査では，公認会計士等の専門家がライセンシーのオフィスで帳簿を精査し，インタビューを行います。そのための費用は通常ライセンサーが負担しますが，支払われたロイヤルティの額と調査結果に一定割合以上の違いがあった場合（5％又は10％とするのが一般的）は，ライセンシーの負担とする旨合意することもあります。いつどのような監査を行うかでもめることも多いので，なるべく監査の内容を具体的に規定しておくべきです。例えば，監査の対象書類，調査方法，期間，回数，立入りの時間帯などです。

　ロイヤルティ監査を行うと，意図的かどうかはともかく，ロイヤルティの過少支払が見つかることがよくあります。その額が大きくなると回収が困難になるため，重要なライセンスや疑義のあるライセンスについては早期に監査を行うことが大切です。監査を行うことによって，契約上の問題点が見つかったり，信頼関係が深まるなどの副次的効果も期待できます。〈事例⑱〉

③違約金・遅延損害金の規定方法

　ライセンシーの報告数量の真実性を担保するために，ロイヤルティの支払不足があった場合に違約金を課す規定を入れることもあります。民法 420 条 1 項で「当事者は，債務の不履行について損害賠償の額を予定することができる。」と定められ，民法 420 条 3 項では，「違約金は，賠償額の予定と推定する。」と定められています。

　ライセンサーとして違約金の実効性を高めるためには，ある程度高額な違約金の定めが必要となりますが，ライセンシーの立場や違約金の支払が生じる事由等も考慮に入れ，合理的な理由なくあまりにも不当に高額の違約金を定めたと認められる場合には，暴利行為として公序良俗違反（民法 90 条）とされるおそれがあります。ただし，企業間の通常の取引関係の中で合意された金額であれば，ある程度高額な金額を定めても公序良俗違反とされるリスクは低いと思われます。

　また，ロイヤルティが支払期限までに支払われなかった場合に高めの遅延損害金を課す規定も支払担保の手段の 1 つといえます。金銭の給付を目的とする債務の不履行については，その損害賠償の額は法定利率で定めるとされますが，約定利率がこれを超えるときは約定利率によります。本書執筆時点の法定利率は，年 3 分（民法 404 条 2 項）です。

（5）ライセンサーの義務

①ライセンス対象の保証

　ライセンサーが，ライセンスの対象となっている特許権等が有効である旨や第三者の特許権等を侵害していない旨の保証をすることがありますが，必ずしも一般的ではありません。国内で登録されている特許権も，無効事由が存在する可能性は相当程度存在し，特許権者であるライセンサーがかかる無効事由の有無の確認をするのは容易ではないからです。まして，海外の特許権等については，国によって登録制度自体も登録審査の程度も違い，ライセンサーがその有効性について保証することは危険です。さらに，第三者の特許権等の侵害の有無は，契約交渉中に調査することは事実上困難であるため，ライセンサーとしては，その時点に

おける第三者からの侵害クレームがないことの保証にとどめるべきです。
〈事例⑲〉

　ライセンス対象となる技術の性能や効果の保証については注意を要します。技術の完全性や目標達成可能であることを保証する場合には，部品，材料，技術者の水準などライセンシーの要素も考慮に入れるべきです。特に海外企業がライセンシーとなる場合には慎重に検討することが望ましいでしょう。

②ライセンス対象への侵害に対する差止め，損害賠償

　ライセンスの対象となっている特許権に対して第三者による権利侵害があった場合，ライセンシーに損害が発生するおそれがあります。かかる事態を避けるため，差止め等の措置が必要になりますが，前述のとおり通常実施権者には差止めを求める権利はないとされています。そこで，ライセンサーに侵害を排除する義務又は訴訟の協力義務を負わせるのが一般的です。

　第三者からの損害賠償請求があったときの賠償義務はライセンサーが負う場合もありますが，ライセンサーの立場が強いケースは，免責条項が入れられることも多くあります。

③ライセンス技術に関する援助

　ライセンシーは，特許権等をライセンスされただけではかかる技術を使いこなして製造まではできないケースもあります。そのような場合は，ライセンサーに対し，技術ノウハウをライセンシーに開示し，必要に応じて技術者を派遣して指導教育する義務を課すことがあります。

（6）ライセンシーの義務

①ライセンス対象特許等の実施義務

　ライセンサーは，ライセンシーに許諾特許等を実施する義務を課します。独占的ライセンスの場合はミニマムロイヤルティを定めて実施の最低レベルを義務付けることが多いですが，非独占的ライセンスの場合は実施することのみを義務付けることが一般的です。

②ライセンス対象の競合品の取扱制限

　ライセンシーが競合品を自由に取り扱えると，ライセンサーの商品の販売に悪影響が出るおそれがあります。そのため，特に独占的ライセンスの場合は，ライセンシーによる競合品の取扱いを制限又は禁止することが通常です。その場合，競合品の定義，取扱いを制限される者の範囲，制限期間，制限の内容などを明確に規定しておくべきです。契約終了後の競合品の取扱制限は，正当な理由があり，必要な範囲の期間的限定（2年程度が上限）が必要です。

　競合かどうかは，製品の特性，外観，機能，成分などの類似性と市場（需要者）が重なるかどうかの競争性とを基準に判断するのが一般的です。実際には，微妙な判断になることが多く，契約締結時にどのような場合を競合というのかについて，具体的な製品を例に取るなどして共通の理解を得ておくことが望ましいでしょう。また，あまりに広く制限する文言になっていると，独占禁止法上の不公正な取引方法にあたるおそれがあり，留意が必要です。〈事例㉒〉

③ライセンス対象の改良技術の報告

　ライセンスに関連した改良技術の発明については，改良の対象，範囲，主体，時期，帰属や利用について規定しておくべきです。ライセンシーが，改良技術を独自技術又は自主開発技術と主張するリスクを想定すべきです。また，改良技術を誰の名義でどのような方法で特許出願するかについても争いになるおそれがあります。

　特段の合意がなければ，各当事者は自ら行った改良発明を相手方に許諾する義務は負いません。しかし，許諾を受けた特許についてライセンシーが改良発明を行ったときは，かかる技術をライセンサーに遅滞なく通知する義務が課されることが一般的です。さらに，かかる技術をライセンサーにライセンスする義務（グラントバック）や譲渡する義務（アサインバック）が課されることもあります。非独占的な有償又は無償のライセンスは独占禁止法上問題ありませんが，独占的なライセンスや譲渡の要求は違法になるおそれがあります。〈事例⑳〉

（7）ライセンス契約の終了

　ライセンス契約も他のアライアンスと同様に，解除については一定の制限があり得ます。他方で，ライセンス契約においては，M＆Aなどにより相手方の経営支配権が代わった場合に契約を解除できる旨の規定（チェンジ・オブ・コントロール条項）が入っていることがよくあります。特にライセンサーは，自社の重要な技術をライセンシーに利用させるため，競合会社がライセンシーの経営支配権を取得した場合を想定して，ライセンサーとして即時に契約を解除できる規定を入れておくメリットが大きいのです。

　契約終了時の効果としては，開示した秘密情報の取扱い，受注済みの対象製品の扱い，ロイヤルティの精算などが問題になります。

　また，ライセンサーが倒産したときに，ライセンス契約が終了するかどうかが問題になります（この場合のライセンシーの保護については〈事例㉑〉参照）。

3.　共同研究開発契約

（1）共同研究開発契約とは

　共同研究開発契約とは，複数の当事者が，特定の技術又は製品の研究開発を分担・協力して行うために締結される契約です（【図表-9】参照）。

　共同研究開発においては，各当事者が得意とする分野で技術，人又は金銭を提供し，協力して研究や開発を行い，コストの軽減，時間の短縮，開発リスクの減少等を目的とします。一方当事者が金銭を提供し，他方当事者が研究開発を行うパターンもあります。近年は，データの提供や創出にかかわる共同研究開発も増えています。

　自社には大して貢献できるものがないにもかかわらず，相手方の技術やノウハウがほしくて共同研究開発を持ちかけてくる企業もあるので，一緒に組む相手として適当かどうかはよく調査する必要があります。

　また，産学連携の研究開発の場合は，大学の組織の特殊性から権利の帰属が問題になったり，大学が発明を実施しないことから不実施補償が求められたりといった特別な問題が生じる可能性があります。

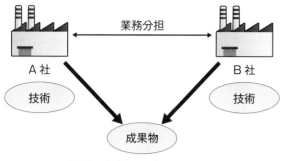

【図表-9】　共同研究開発の関係

共同研究開発契約において，主に問題となる事項は以下のとおりです。

- ・成果物の帰属（途中成果物含む）
- ・成果物の利用（途中成果物含む）
- ・秘密保持
- ・第三者との研究開発制限・競合禁止
- ・研究開発費用分担
- ・研究開発の進め方（定期会合，情報のやりとり，研究開発状況の報告，共同ラボ等）
- ・成果報告書の作成
- ・表明保証（職務発明，知的財産権侵害等）
- ・特許出願（単独・共有，出願費用負担，外国出願，手続の主導権等）
- ・改良発明
- ・持分譲渡
- ・権利侵害対応

（2）共同研究開発の目的と対象

　まず，共同研究開発の目的と対象を明確に規定する必要があります。両当事者が共同して行うべき研究・開発の範囲が不明確だと，協力の範囲，成果物の範囲，競業禁止の範囲などが不明確になり，後日争いが生じることにつながります。例えば，特定分野の技術について特許を取得

することが目的なのか，製品について販売認可を得ることが目的かといった点や，対象についても製品や技術の機能や用途でなるべく具体的に特定する必要があります。

　他方で，革新的な技術や新規性の高いプロジェクトでは，成果物のイメージがはっきりしないケースもあります。当事者の認識をそろえるために，目的の特定に工夫が必要になります。

（3）成果物の帰属

　共同研究開発の成果物の帰属については，発明者を基準に一方当事者に帰属させるか，両当事者の共有にするかのいずれかです。一方当事者に帰属させる場合は，当該当事者が独自に開発した成果物についてであることが一般的です。独自に開発したかどうかが実際には争われることが多くあります。共同研究開発を行っている以上，全く他方当事者の関与なしに独自に開発したといえる場合は少なく，どのような場合にこの要件を満たすかを具体的に規定しておくべきです。

　著作権については，原則として著作物を創作した者に帰属するため，契約上の定めによってそれと異なる帰属にする場合は著作権の譲渡が必要になります。また，著作者人格権はその性質上譲渡できないため不行使について規定すべきです。いずれについても，その規定の仕方には注意が必要です。〈事例㉖〉

　共有の場合は，持分割合の決め方が問題となります。何も規定していなければ民法上等分と推定される（民法250条）ため，実務上も等分にすることがよくあります。開発における貢献度に応じて持分を決めるという考え方も合理的ではありますが，貢献度の判定が難しく紛争になりやすく，特許性の有無や出願すべき国について当事者間で意見が食い違うおそれがある場合は，契約上で手当てをしておいた方がよいでしょう。〈事例㉔〉

　さらに，特許を出願する権利は，当該発明の発明者が有することになるので，契約当事者である企業は，発明者である従業員から特許出願をする権利を承継する必要があります。成果物を販売して得られる利益の

配分や発明の利用にかかわる費用負担等については，事後的にロイヤルティシェアリング契約などで定めることもあります。〈事例㉘〉

　共有の場合，他の共有者の同意を得なければ持分の譲渡や第三者に対する実施権の設定はできませんが，自ら実施することはできます（特許法73条）。ただし，著作権については自己実施についても同意が必要です（著作権法65条2項）。また，共有者は単独では特許出願等ができないという問題もあります（特許法38条）。特許性の有無や特許権とする価値の有無に関して意見が違うと，相手方の同意が得られず，出願できないという事態が生じます。そのような場合の意思決定をどうするかも，共同研究開発契約の中で決めておくことが望ましいでしょう。あえて共有にはせずに，一方当事者が権利を取得し，他方当事者はその権利を無償又は有償で実施できる権利を付与される形にすることもあります。〈事例㉕〉

　成果物の公表のタイミングについての規定も重要です。相手方が特許の出願前に公表してしまうと，公知発明になってしまい特許を受けることができなくなる可能性が大きいのです。

　なお，共同研究開発の対象外で有用な成果が発生した場合，共同研究開発の目的以外に使うことまで想定して契約で詳細に規定することまでは通常しませんが，そのような成果が発生する可能性があるのであれば，どのように取り扱うかの方針程度は規定しておくことが望ましいでしょう。例えば，ある疾患に有効な薬品を開発しようとしていた場合に別の疾患に有効な薬品が開発された場合，この成果物の扱いが問題になります。現実には，その成果物の内容によって当事者の対応も変わってき得るため事前に一律な規定とすることは難しく，その時点で新たな取決めをせざるを得ないケースが多いと思われます。

（4）業務分担・意思決定

　一方当事者が研究開発を行い，他方当事者が資金提供する形の共同研究開発では，その役割分担がはっきりしています。しかし，多くの共同研究開発は，複数の当事者が，人的，物的，金銭的資源を出し合って，

多くの時間と費用を要するリスクの高いプロジェクトです。そのような場合，各当事者が効率的に業務を分担する方法を合意し，契約書に明記する必要があります。この点は，前述の成果物の帰属とも密接に関連します。

　また，共同研究開発の過程で，当事者の意思決定が必要な場面が出てきます。技術的，科学的な問題については，現場の担当者が中心となって，プロジェクト・チーム，ワーキング・チームなどと呼ばれる委員会が作られることもあります。経営判断を要する問題については，ステアリング・コミティ，マネジメント・コミティなどと呼ばれる委員会が設けられることもあります。その場合，委員会は，研究開発部門，マーケティング部門，法務知財部門など関係部署の責任者と，研究開発の現場責任者などのメンバーで構成されます。

　委員会については，その権限を明確にし，開催時期，方法，開催地，決議方法，議事録の作成・保管などについて規定しておく必要があります。開発の進行に応じて定期的に開催し，重要な問題が生じれば臨時に集まれる形が望ましいでしょう。また，メンバーの意見が一致せず決議ができない場合（デッドロック）の解決方法についても記載しておくべきです。具体的には，各当事者の最高責任者の間で話し合う，外部の専門家の判断にゆだねるなどの方法が考えられます。

（5）費用の分担

　研究開発にかかる費用には，大きく分けて第三者への支払費用と内部費用があります。各自の費用はそれぞれが負担し，精算を行わない場合もあります。その場合は，各当事者が納得するようにほぼ均等になるよう業務分担を決めることになります。

　精算を行う場合は，第三者への委託費用，原材料費等のように客観的に金額が明確になるものについてだけ行う場合と，人件費や一般管理費などの内部費用も含めて共同研究開発に関連する全ての費用を精算する場合があります。後者の場合は，後日紛争にならないようどこまでを関連費用として計算するかについて共通の理解を形成し，なるべく詳細な

規定を設けておくことが望ましいでしょう。特に人件費については，専属で従事した者と兼務していた者の扱いをどうするか，時間管理になじまない専門職の場合どう人件費を算定するかなど，難しい問題もあります。〈事例㉗〉

(6)　共同研究開発の終了

　共同研究開発の終了原因としては，①成果物が完成した場合と②共同研究開発が中止された場合とがあります。②の場合は，さらに (i) 期限内に予算の範囲内で成果物を完成できない場合，(ii) 一方当事者に共同研究開発を遂行することができない事情が生じた場合，(iii) 一方当事者に契約違反があった場合などに分けられます。これらの終了原因に応じて法律関係を具体的に規定しておく必要があります。

　共同研究開発終了時点で共有の成果物をその後どうするかが問題となることがあります。契約終了時に直ちに共有関係を終了する必要は必ずしもありませんが，その後アライアンス関係が続かない場合は，いつまでも共有にしておくと，お互いに処分や利用が十分できずに不都合が生じるおそれがあります。通常，成果物を単純に分割することはできないので，一方当事者に帰属させて，他方当事者には金銭賠償をするか，有償又は無償のライセンスを付与するのが合理的です。

　また，未完成の成果物，未使用サンプルなどの取扱いや費用の精算についても問題が生じます。研究開発が不成功に終わり，成果物が完成しなかった場合も同様の問題が生じます。研究が不成功に終わる場合は，予定した以上の費用がかかった，いずれかの当事者の技術のレベルが低かった，経済情勢が変わったなど，当事者間で紛争の種を抱えているケースが多くあります。しかも，契約締結時に，不成功に終わった場合を具体的に想定して規定することは現実的ではないため，費用の精算を含め解決しなければならない問題が多々生じやすいといえるでしょう。秘密情報の目的外利用や，従業員の引き抜きにも注意が必要です。〈事例㉛〉

（7）類似・競合の研究開発の制限

　効率的な研究開発を進めるためや，当事者が自社で行っている研究開発と明確に区別するために，当該契約の目的としている共同研究開発と同一又は類似・競合する研究開発を自ら又は第三者と行うことを禁止又は制限することが多くあります。類似・競合の範囲は，ライセンス契約の場合（本章第4の2（6）②）と同様に，明確に規定しておかないと後日紛争になるおそれがあります。

（8）独占禁止法上の問題

　競争関係にある事業者間で共同研究・開発を行い，市場における競争が実質的に制限される場合には，不当な取引制限（独占禁止法3条）に違反する可能性があります。その判断においては，個々の事案について，競争促進効果を考慮しつつ，以下の要素が総合的に考慮されます。

- ・参加者の数・シェア等
- ・研究の性格
- ・共同化の必要性等
- ・対象範囲・期間等

　また，共同研究開発の実施に伴う取決めについても，参加者の事業活動を不当に拘束し，公正な競争を阻害するおそれがある場合は，不公正な取引方法として独占禁止法に違反する場合があります。不公正な取引方法に該当するおそれが強い事項としては以下のようなものがあります。

- ・研究開発の成果以外の競合する製品等について，参加者の生産又は販売活動を制限すること
- ・成果を利用した研究開発を制限すること
- ・成果の改良発明等を他の参加者へ譲渡する義務や，独占的に実施許諾する義務を課すこと
- ・成果に基づく製品の第三者への販売価格を制限すること

　これらの問題については，「共同研究開発に関する独占禁止法上の指針」（公正取引委員会，平成5年4月20日公表，平成29年6月16日最終改定）が定められており，共同研究開発を行う際の参考になります。

4.　大学との共同研究開発

　企業が大学等の研究機関と共同研究開発を行う場合には，企業間で共同研究開発を行う場合と比較して，異なる配慮が必要となる場面があります。個々の大学によって，共同研究開発の際に計上できる費用の種類や使用制限が異なっており，契約上の費用分担を決める上で注意が必要です。

（1）　権利の帰属

　企業においては，適切に職務発明規程を定めることによって従業員のした発明について特許を受ける権利を取得することができ，実際にもそのように対応している企業がほとんどですが，大学の場合，大学と教員との間の発明の帰属に関する取決めによって，教員に特許を受ける権利が帰属している可能性があります。そのため，企業側としては，大学とのみ契約すれば足りるのか，あるいは教員も含めて契約を締結すべきか，十分に注意する必要があります。

　また，大学の場合，学生が発明者になるケースも想定されますが，その場合には，大学や教員との間で契約を締結しても，その効力を学生まで及ばすことができません。そのため，適切に特許を受ける権利を取得できない可能性があり，学生との権利関係や秘密保持義務にも注意が必要です。

（2）　成果物の発表等

　大学の教員や学生は，論文や学会発表等で成果物の発表等を行うことを希望することが一般的です。他方，企業側としては，特に成果物について特許出願を行うことを念頭に置いている場合，そのような発表等により発明の新規性が失われ特許権取得の障害となる可能性があります。そのため，教員や学生が発表等を行う際に，企業側への事前通知や発表内容の協議を義務付ける等，一定の措置を講じておくことが望ましいといえます。

　なお，特許出願は原則として出願日から1年6か月で出願公開される

ことになります（特許法 64 条）。そのため，出願公開まで発表等を制限する等といった条件を付けることも考えられます。大学は資金が足りないことが多く，出願費用の分担についての取決めも必要となります。〈事例㉚〉

(3) 優先交渉

　大学と企業との間で共同研究開発契約を締結する場合，成果物を企業が独占的に利用するか否かを検討する期間を設定することがあります。また，成果物に係る権利が大学に帰属することとなった場合，大学が第三者に対して実施許諾を行おうとする際に，大学が第三者に実施許諾を行うのに先立って，共同研究開発の相手方である企業に対し，所定期間の優先交渉権を設定することもあります。

(4) 不実施補償

　大学は，共同研究開発の成果物を利用して事業を行うことを予定していないため，成果物から収益を上げる 1 つの方法として，企業に対し成果物の不実施補償を求めることがあります。特に，企業が成果物を独占的に利用できることにした場合には，大学は第三者に対して実施許諾をすることもできないため，不実施補償を求めることにも一定の合理性があります。もっとも，大学が第三者に対し実施許諾することができるのであれば，そこからロイヤルティ収入を得ることになるので，さらに不実施補償まで認めることは，企業からすれば合理性を欠くと判断される可能性もあります。また，教育目的で利用する場合等，大学が一定範囲で成果物を利用する場面も想定されます。

　したがって，企業としては，不実施補償を行う必要があるか，行うとしてどの程度の補償とすべきかについて，成果物として想定される発明等の種類，内容，事業化の見込み，大学による第三者の実施許諾の可否等も勘案して，慎重に検討すべきです。〈事例㉙〉

第5　生産提携

1.　生産提携と下請法

（1）生産提携とは

　生産提携は，委託者が受託者に対し，生産の一部や製造工程の一部を委託することにより生産能力を補充し，販売の機会損失を防ぐためのものです。製造業でよく行われますが，ソフトウェア開発やファブレスでの事業展開においても活用されています。受託者にとっては設備の稼働率を向上し，収益につなげることができます。他方で委託者には，製品の品質を維持できずブランドが毀損したり，自社の生産ノウハウが流出するリスクがあります。主に製造委託契約やOEM契約の形を取ります。

（2）下請法の適用

　生産提携においては，下請法の適用に注意する必要があります。下請法上の親事業者にあたる企業は義務違反や禁止行為にあたらないように，下請事業者にあたる企業は，不利な条件を押し付けられないように留意すべきです。なお，本来アライアンスは，イコールパートナーによる共働関係であり，いわゆる下請けとは異なる取引形態ですが，実際には，大企業が中小企業に対し，アライアンスと称して一方的な条件を押し付けるケースもあります。〈事例㊴〉

　下請法は，適用の対象となる下請取引の範囲を①取引当事者の資本金の区分と②取引の内容（製造委託，修理委託，情報成果物作成委託又は役務提供委託）の両面から定めており，この2つの条件を満たす取引に適用されます。

　規制対象の内容を図示すると以下のようになります。

・物品の製造委託・修理委託
・情報成果物作成委託（プログラムの作成に限る。）
・役務提供委託（運送，物品の倉庫における保管及び情報処理に限る。）

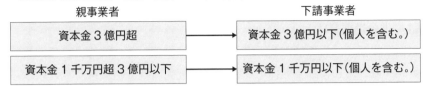

・情報成果物作成委託（プログラムの作成を除く。）
・役務提供委託（運送，物品の倉庫における保管及び情報処理を除く。）

（公正取引委員会ウェブサイトをもとに作成）

【図表-10】親事業者と下請事業者の範囲

下請法において，親事業者の義務は，以下のように規定されています。

義務	概要
書面の交付義務	発注の際は，直ちに3条書面を交付すること。
支払期日を定める義務	下請代金の支払期日を給付の受領後60日以内に定めること。
書類の作成・保存義務	下請取引の内容を記載した書類を作成し，2年間保存すること。
遅延利息の支払義務	支払が遅延した場合は遅延利息を支払うこと。

（出典：公正取引委員会ウェブサイト）

また，親事業者の禁止行為としては以下の事項があります。

禁止事項	概要
受領拒否	注文した物品等の受領を拒むこと。
下請代金の支払遅延	下請代金を受領後60日以内に定められた支払期日までに支払わないこと。
下請代金の減額	あらかじめ定めた下請代金を減額すること。
返品	受け取った物を返品すること。
買いたたき	類似品等の価格又は市価に比べて著しく低い下請代金を不当に定めること。
購入・利用強制	親事業者が指定する物・役務を強制的に購入・利用させること。
報復措置	下請事業者が親事業者の不公正な行為を公正取引委員会又は中小企業庁に知らせたことを理由としてその下請事業者に対して，取引数量の削減・取引停止等の不利益な取扱いをすること。
有償支給原材料等の対価の早期決済	有償で支給した原材料等の対価を，当該原材料等を用いた給付に係る下請代金の支払期日より早い時期に相殺したり支払わせたりすること。
割引困難な手形の交付	一般の金融機関で割引を受けることが困難であると認められる手形を交付すること。
不当な経済上の利益の提供要請	下請事業者から金銭，労務の提供等をさせること。
不当な給付内容の変更及び不当なやり直し	費用を負担せずに注文内容を変更し，又は受領後にやり直しをさせること。

(出典：公正取引委員会ウェブサイト)

2. 製造委託契約

(1) 製造委託契約とは

製造委託契約は，委託者が特定の製品の製造を委託し，委託料を支払い，受託者がその製造を受託する契約です（【図表-10】参照）。製造委託契約においては，製造する製品の仕様，品質レベル，原材料，製造数量，対価，検収方法等が重要になります。

委託者の技術を利用させて製造委託する場合は，ライセンス契約と同様の留意点があります。また，受託者が中小企業や個人事業者の場合，

物品の製造委託やソフトウェアの開発を委託する際に，下請法及び同法の運用基準（公正取引委員会，平成15年12月11日公表，平成28年12月14日最終改正）や，役務の委託取引における優越的地位の濫用に関する独占禁止法上の指針（公正取引委員会，平成10年3月17日公表，平成23年6月23日最終改正，以下「役務の委託取引ガイドライン」といいます。）の適用にも注意が必要です。書面で契約内容をきちんと合意し，製品の不当な受領拒否，対価の減額や支払遅延，不当な返品等，委託者としての強い地位を濫用することがないよう注意する必要があります。

　製造委託においては，合意した仕様が不明確な場合や，安い原材料を使ったり，製造方法に問題があり，製品の品質が合意したレベルを満たさない場合等に紛争になりやすいといえます。特に，共同研究開発的な要素がある製造委託の場合は，契約当初は仕様が確定していないこともあり，当事者間の責任範囲を明確にしておくべきです。

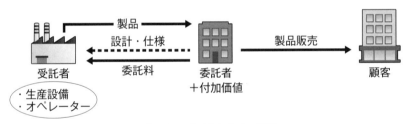

【図表-11】製造委託の関係

　製造委託契約において，主に問題になり得る事項は以下のとおりです。

・対象製品
・製造業者の販売権の有無及び範囲
・競業禁止
・委託の内容，再委託の可否
・受入検査，不合格品の処置
・支給品，貸与品の有無
・対価，支払条件，納期

- ・技術指導
- ・品質保証，瑕疵担保責任
- ・知的財産権侵害
- ・製造物責任
- ・契約期間及び契約の終了（継続的契約関係の解消）
- ・契約終了の効果（ノウハウ，支給品，貸与品の返還）

(2) 委託業務の内容

　製造委託契約では，一般的に設計図，仕様，試作品等によって業務内容を確定します。双方の認識にずれがないようなるべく具体的かつ詳細に規定する必要があります。実際には，時間の関係から，内容を確定しないうちに業務をスタートし，後日委託業務の内容をめぐって争いになることもあります。設計図や仕様のプロセスも明確にしておかないと紛争の元となります。〈事例㉝〉

　また，契約交渉の過程で，設計図や仕様などの秘密情報が開示されることになるため，事前に適切な内容の秘密保持契約を締結することが重要となります。

　下請法の適用がある当事者間で製造委託をする場合は，下請法3条に従って，下請事業者の給付の内容，下請代金の額，支払期日及び支払方法その他の事項を記載した書面を下請事業者に交付しなければならないとされています。その書面の内容は，下請代金支払遅延等防止法第3条の書面の記載事項等に関する規則で定められているので，当該規則を参考にして製造委託契約を締結する必要があります。

　業務内容に関しては，委託者が原材料の供給をするかどうか，委託者がどこまで業務を指示するか，技術指導を行うかなどを明記します。また，再委託や下請けの可否についても誤解のないようにしておく必要があります。

　受託者が希望する場合には，委託注文量のマキシマムやミニマムを決めることもあります。

(3) 納入

製品の納入については，その時期，方法等について明確に規定する必要があります。通常，委託者の側で設計図や仕様どおりの製品かどうかを検査し，その検査の完了をもって納入とします。検査の期間，方法，費用負担，不合格の場合の処置等について，なるべく具体的に規定すべきです。例えば検査方法については，全量検査にするのかサンプル検査にするのかによって双方の負担が大きく変わってきます。検査不合格による事業への大きな影響が予想される場合には，中間的な検査や現場レベルでの確認を繰り返す等，不合格が発生しないような工夫も必要になります。〈事例㉞〉

(4) 代金の支払

代金の支払については，検査完了時に一括で確定額を支払うケースより，むしろ，契約時に一定金額を支払い，その後各工程の進み具合に応じて支払い，検査完了時に残金を支払うケースが多数です。また，出来高払や一定の数式に基づいて対価を計算する場合には，実際の業務内容を想定して，あいまいな点が残らないように規定する必要があります。特に開発型の製造委託の場合，受託者が当初想定した業務内容より多大なコストがかかる場合がよくあり，代金を決める際には注意が必要です。

支払期日，支払方法，税金の負担などについても，特に外国企業との製造委託の場合には後日問題になることが多いので，詳細に取り決めておくことが望ましいでしょう。また，受託者が委託者に対し，前渡金の支払を求めることもありますが，委託者としては，その必要性や受託者の財務状態には注意すべきです。〈事例㊱〉

(5) 品質保証・知的財産権

製品の品質保証については，売買における民法の契約不適合責任の規定が準用されますが，契約上明確に規定しておくべきです。各当事者にとって，製品に欠陥や不具合があったときにどのように解決するかを決める重要な条項になります。品質保証の範囲，期間，補償方法などが主

な論点となります。受託者としては，範囲は仕様に合致する点にとどめ，使用目的や用途への適合性や有用性まで広げるべきではありません。期間は半年か1年とすることが多く，補償方法は製品の性質も考慮して現実的なものにすべきです。〈事例㉞，㉟〉

　また，製造物責任が問題になったときの各当事者の責任や対処方法についても合意しておくべきです。製造物責任は，欠陥の内容が委託者作成の仕様書や指示に起因する場合と，受託者の製造工程に起因する場合があるためです。〈事例㊲〉

　さらに，製品が第三者の知的財産権を侵害していないこと，第三者から権利侵害されていないことについても，販売提携の場合と同様に，その保証の有無や補償の範囲について明確に規定しておくべきです。

　いずれについても，販売提携について本章第3の2（5），（6）をご参照ください。

（6）契約終了時

　契約解除については，長期の継続的な契約である場合は，販売提携の場合と同様に「やむを得ない事由や信頼関係の破壊」等の合理的な理由が必要とされる場合があります。そのような理由がない場合，解除するためには一定の予告期間や補償が求められます（本章第3の2（9）参照）。特に，受託者が製造のための施設を建設するなどの多額の支出をした場合は，その扱いが問題になります。

　また，契約終了時の処理においては，委託者が提供した貸与品や支給品の返還，供給した部品や原材料の扱いや，受託者が製造した未完成品の扱いなどが問題になります。

3．OEM 契約
（1）OEM 契約とは

　OEM 契約とは，一般に，受託者（メーカー）が，委託者（販売者）の商標で販売する製品の製造を受託する契約のことをいいます（【図表-11】参照）。OEM は，Original Equipment Manufacturing の略です。受託者

は，委託者の商標を付けた商品を製造し，委託者はその商品を受託者から買って再販売するため，顧客からは委託者の商品であるように見えます。委託者から見ると生産提携としての側面があります。

受託者にとっては，委託者の販売網や営業力を活用するだけでなく，そのブランドや信用力をも活用しています。受託者は，OEM供給により，自社の製造した製品を委託者の経営資源を活用して販売できることになり，販売提携の側面があります。OEMは，家電，自動車，コンビニエンスストアをはじめ様々な業界で利用され，プライベートブランド商品と呼ばれることもあります。

(2) 留意すべきポイント

製品の仕様は委託者が決める場合，共同で決める場合，受託者が決める場合がありますが，いずれの場合も，完成品の所有権は委託者に帰属することになります。委託者は受託者に対し，仕様書，図面，原材料等を供給し，これらの機密保持について取決めをします。

委託者が受託者に製品の製造を委託するという面では製造委託契約（請負契約）と同様です。したがって，本章第5の2で述べた留意点がほぼあてはまります。また，委託者が受託者の製造する製品に自己の商標を付けさせることは，受託者に商標の使用を許諾することであり，商標ライセンス契約としての面を有します。商標の特定とその使用方法の規定が重要となります。さらに，受託者の製造に関して，委託者が自己の特許やノウハウの使用を認める場合は，特許・ノウハウライセンスの性格も有することになります。ライセンス契約としての面はあるものの，製品の売買で対価が授受されるため，ロイヤルティとして別個に金銭のやりとりはしないケースがほとんどです。〈事例㊳〉

OEM契約が製品の研究開発をも目的とする場合は，開発委託契約や共同研究開発契約としての面もあります。いずれの場合も秘密保持条項，製造ノウハウの保護規定，成果物の帰属などについての条項が重要となります。

また，クレーム対応やリコールの決定権限を委託者と受託者のどちら

が有するかなどを明確に規定すべきです。リコール等に関して生じた費用をどのように分担するかもあらかじめ決めておきたいところですが，実際にはケースバイケースの対応とならざるを得ない面があります。

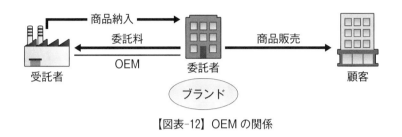

【図表-12】OEM の関係

1.　資本提携とは

　資本提携は，他社と株式を持ち合い，協力関係を強化するもので，業務提携と組み合わせて行われることもよくあります。資本の関係ができるためより強固な関係ができ，シナジーも得やすくなります。

　他方で，株式を持つことによって業務提携より解消するのが難しくなります。特に合弁事業という形で他社を経営に参加させる場合は，意思決定が遅くなる，経営方針をめぐる意思対立が生じるなどのデメリットもあります。

2.　資本参加

　資本提携のうち，他の業務提携との組合せで単に株式の持合いをするだけで，出資先の経営に発言権を有しない場合を，一般に少数資本参加といいます。この場合は，出資先の株式を保有するだけで，株主間契約を結んで権利・義務について定めることはしません。議決権所有比率が20％（又は15％以上で一定の支配力を持つ場合）以上になると原則として持分法適用会社となり，連結財務諸表に損益が反映されることになるので，それより少ない割合にするのが一般的です。安定株主を増やすためや，

財務状態の改善のために行われることもあります。株式を相互に保有し合うことを「株式持合い」ともいいます。

　また，株主間契約を結んで，出資先の役員の選解任権や拒否権を持ち，経営に一定程度関与する資本参加のパターンもあります。大企業同士の資本参加もありますが，大企業がベンチャー企業に出資して事業の拡大をサポートしたり，ベンチャーキャピタルがベンチャー企業に出資して株式公開を目指すようなときによく行われます。この場合の資本提携における当事者間の関係は，次に述べる合弁事業と同様になるので，そこでまとめて解説します。

　資本参加には，株式譲渡によって発行済株式を取得する方法と，第三者割当増資によって新株を取得する方法があります。株式譲渡の場合は，既存株主に対価が支払われるので，出資先会社としては資金調達ができません。出資先の資金ニーズを満たすためには，第三者割当増資を利用することになります。

3.　合弁事業

（1）合弁契約とは

　複数の企業が経営資源を提供し合い，新規に共同して一定の事業を行うことを，合弁事業又はジョイントベンチャーと呼びます。合弁事業を会社形態を用いて行う場合，その会社を合弁会社といいます。

　合弁事業の場合，それ以外のアライアンスに比べて，事業自体が合弁会社に移るためシナジーは発揮されやすいですが，アライアンス当事者による当該事業に対するコントロールは制約されることになり，意思決定に時間がかかることが多いというデメリットもあります。

　合弁会社の運営や管理に関する契約を，合弁契約（ジョイントベンチャー契約）又は株主間契約と呼びます。合弁契約には，合弁会社の組織構成，意思決定のプロセス，合弁事業の解消の方法等について詳細な規定が設けられます。当事者間で経営方針が食い違って意思決定できない状態（デッドロック）や合弁解消時の権利・義務をめぐってよく紛争になります。

　合弁契約による株式の取得が，独占禁止法上一定の取引分野における競争を実質的に制限することになる場合及び不公正な取引方法による企業結合が行われる場合は禁止されます。その基準については，「企業結合審査に関する独占禁止法上の指針」（公正取引委員会，平成16年5月31日公表，令和元年12月17日最終改定）が参考になります。

　また，各当事者が技術，人材，資本等の経営資源を提供し合うため，多くの場合，提供に関して合弁会社と各当事者との間で業務提携に関する付随的な契約が結ばれます（【図表-13】参照）。このように資本提携と業務提携を組み合わせたアライアンスのことを包括的アライアンス（資本業務提携）と呼ぶこともあります。

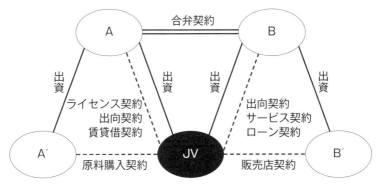

【図表-13】合弁契約と付随契約のイメージ

　合弁契約において主に問題となる事項は以下のとおりです。

・事業体の選択
・既存の会社か，新規設立か
・目的
・出資比率
・機関設計
・取締役の選解任権
・代表取締役の選解任権
・従業員の確保・費用負担

・重要事項に関する拒否権

・追加の資金提供義務と出資比率の維持との関係

・剰余金の配当等

・知的財産権の処理

・競業避止義務

・デッドロック時の処理

・株式譲渡の方法

・合弁解消時の処理

(2) 目的，定款の作成

　合弁契約は株主間の合意であり，合弁会社やその取締役を直接拘束するものではありません。そのため，合弁会社や取締役がそれに違反しても，株主は議決権の行使を通じて間接的に会社や取締役に効力を及ばすしかなく，救済は原則として株主間の損害賠償に限られます。それに対し，定款は合弁会社，その取締役，株主も拘束します。定款に違反した行為は原則として無効となり，差止めの対象にもなり得るのです。

　合弁契約に定められた株主間の合意のうち，会社法上定款に記載できるものについては一定の制限があります。株式の譲渡制限や取締役の指名権などは，その性格上，合弁契約の条項をそのまま定款として規定できないのが一般的です。そのような条項については，合弁契約違反であっても，会社法上又は定款上は有効であることがあり得ます。

　合弁会社の目的は，合弁会社のビジネスモデルや採算性を決めることになる重要な事項です。各当事者のビジネスとの切り分けをする上でも，文言の定め方には注意が必要になります。合弁契約に定めた目的と同様のものを定款に定めて登記するのが一般的です。ただし，公証人や登記官との関係でそのまま定められない場合があります。また，登記上の目的は対外的に表示する明確なものである必要があるため，当事者間においては合弁契約上さらに詳細又は専門的な用語を使って目的を定めることもあります。例えば，合弁会社の事業領域を明確にするため，合弁契

約上で製品，技術，顧客，地理的範囲等で限定するのが一般的です。

(3) 出資比率

　各当事者の出資比率をどうするかによって合弁事業の性格は大きく変わってきます。株主総会における議決権，剰余金の配当を受ける権利，残余財産の分配を受ける権利は，特別の規定を設けなければ，株式保有割合に従って各株主が有することになります。

　議決権の過半数を有する株主は株主総会の普通決議事項を可決できるため，取締役の選解任が思いどおりにできます。つまり別途合意しない限り，取締役会の全ての取締役を選解任できることになるため，通常は株主間契約において出資比率に応じた割合の取締役を指名できる権利を規定します。

　取締役会で過半数の取締役を指名すれば，日常的な経営は多数株主の意向に従って決定できることになります。また，3分の2以上の議決権を有すれば，株主総会の特別決議事項も可決できることになります。3分の1以下の議決権しか有しない少数株主の会社法上の主な権利（少数株主権）は図表-14のとおりです。

　ただし，株主間契約において，株主総会又は取締役会の一定の重要決議事項については拒否権を与えられることもあります（後述（5）参照）。また，少数株主としては，連結決算の対象となる「関連会社」となるかどうかも，出資比率を決める上で重要です。20％以上50％未満の議決権を有する場合と，15％以上20％未満で一定の支配力を有する場合は「関連会社」にあたります。

　各当事者の出資比率が同じである場合は，両当事者で合意ができないと，株主総会で一切の決議ができません。このような合弁会社では取締役の人数も同数にすることが多く，取締役会の決議もできない場合が生じます。その場合は，スムーズな意思決定を可能にする仕組みを工夫する必要があります（後述（10）参照）。

【図表-14】少数株主権

議決権・株式数要件	保有期間	少数株主権
総株主の議決権の1％以上又は300個以上	行使前6か月	議題提案権，議案通知請求権
総株主の議決権の1％以上	行使前6か月	総会検査役選任請求権
総株主の議決権の3％以上又は発行済株式総数の3％以上	なし	会計帳簿閲覧謄写権，検査役選任請求権
	行使前6か月	取締役等の解任請求権
総株主の議決権の3％以上	なし	取締役等の責任軽減への異議権
	行使前6か月	総会招集請求権
株主総会の議決権の10％以上又は発行済株式総数の10％以上	なし	解散判決請求権
議決権ベースで6分の1超	なし	簡易合併等の反対権
単独株主権	なし	議案提案権，株主名簿閲覧権，議事録閲覧謄写請求権，質問権，新株予約権原簿閲覧謄写請求権

（4）機関設計

機関設計においては，主に以下の点が規定されます。

・取締役会，監査役の設置

・運営委員会の設置の要否

・株主総会，取締役会の運営方法

株主総会は，株主全員から構成される会議体で，最高の意思決定機関です。取締役会は会社の業務執行を決定する機関で，一定の重要事項についてはそこで決定されなければなりません。監査役は，取締役の職務の執行を監査する機関です。

合弁会社は，株主の個性が重要で，株主となる者を制限する必要があるため，株式の譲渡を制限する会社（閉鎖会社）にするのが一般的です。会社法の機関設計の規定上，閉鎖会社においては，取締役会を設置することも，しないこともできます。小規模な合弁会社であっても取締役会

を設置するのが一般的ですが，多数株主が，株主の立場で積極的に合弁会社の業務や運営に関与することが想定される場合には，取締役会は形骸化する可能性もあります。また，大会社以外の取締役会非設置会社においては，監査役を設置しないという選択もあります。

　合弁会社の場合，株主により取締役の業務執行の監督が実際に可能であったとしても，対外的には監督の仕組みが不十分であると見られるおそれもあります。特に，銀行から多額の融資を必要とする場合や，取引先から大きな信用供与を受ける必要があるビジネスの場合には，取締役が自らの権限を超えて行動しないような組織的な監督の仕組みがあることを求められることがあり得，そのような場合には監査役が設置されている方が望ましいでしょう。

　会社の重要決議事項を，株主総会，取締役会，運営委員会のいずれが決議権限を有する形にするかは，合弁契約で決めることになります。合弁事業の性格に応じ，意思決定のスピード，重要決議事項の内容などを考慮に入れ，最適な機関設計と権限分配を検討することになります。

　取締役会を設置しない場合は，一切の意思決定は株主総会で決議するか，その一部を各取締役に委任することもあります。しかし，株主総会で全てを決定することは煩雑であり，また各取締役に業務執行を委任した場合には株主のコントロールが効かなくなるおそれがあります。そのため，運営委員会（Steering Committee）を設けて，一定の重要事項について機動的に意思決定を行い，それに基づいて取締役が業務執行を行う仕組みを作ることがあります。また，取締役会を設置する場合であっても，外国企業との合弁事業や非常勤取締役が多い場合などは迅速な対応が難しいため，運営委員会を設置することがあります。

　運営委員会の性格としては，現場に近いところにあって業務上のニーズをくみ上げるためのものと，株主協議会のように株主の意思を緊急かつ直接に反映させるためのものがあります。後者はデッドロックの際に使われることもあります（後述（10）参照）。

(5) 経営の意思決定の方法

　意思決定の方法については，会社法に従って過半数で決する事項，特別決議を要するものなどを確認し，実際の合弁会社の運営上不都合がないかを検討します。株主レベルでの決定事項は，一般に会社法上の株主総会決定事項より広く定められます。

　少数株主にとっては，経営への関与を確保するために，一定の重要事項について自らの事前承認が必要なこと（拒否権）を規定する必要があります。会社法上の特別決議事項だけでなく，当該合弁事業にとって重要な事項を列挙することにより，合弁会社の事業計画，配当，組織再編などについて少数株主に拒否権が与えられることが一般的です。これらは，合弁会社の経営支配に関する重要な取決めであり，合弁事業の成否を分けることにつながります。なお，拒否権を無視した行為の効力を否定するために，拒否権付種類株式を発行するという方法もありますが，国内企業同士の合弁会社ではあまり利用されていません。〈事例㊶〉

　株主総会は会社の基本的事項を決議する必置の機関であり，各株主が参加しやすい形で運営されることが望ましいでしょう。国内企業同士であれば会社法に従って運営すれば実際上も問題ないことが多いですが，外国企業との合弁会社の場合は，開催場所，招集通知の方法・期間，定足数・決議要件，議長，議事録の作成等について，詳細な規定が設けられることがあります。

　取締役会についても，株主総会と同様，国内企業同士の場合は，会社法に従った運営を行うのが一般的です。外国人取締役や非常勤取締役が多い場合には，招集方法，開催場所，電話会議・TV会議，書面決議の利用なども検討する必要があります。

(6) 指名できる取締役，監査役の人数

　取締役会設置会社の場合，重要な業務執行の決定は取締役会で行われます。取締役会の構成は，通常多数株主が出資比率に応じる形で多数の取締役を指名できる契約にします。少数株主としては，過半数を取れない以上モニタリングや牽制の意味しかありませんが，一定の重要事項に

ついては決議要件を加重するなどして少数株主に拒否権を与えることも
あります。また，特定の員数の取締役選任権が付された種類株式を発行
することもあります。

　代表取締役社長をどちらの株主が指名するかも大きな争点になること
があります。合弁会社の社長は，その権限が株主間契約上制限され，通
常の株式会社の社長に比べれば権限が少ないことが一般的です。しかし，
対外的には社長をどちらが指名しているかは経営の主導権がどこにある
かを示すことになります。通常，過半数を保有する株主が社長も指名で
きる形にしますが，50：50の合弁会社の場合は，何年かごとに交代で
指名できるような形にすることもあります。

　会社法上取締役の解任は，株主総会の普通決議で行うことができます。
少数派株主としては，選任権だけでなく，解任権についても合わせて取
り決めておく必要があります。

　監査役については，業務執行を行うわけではないので，必ずしも取締
役と同様の配慮は必要ではありません。しかし，取締役への牽制や有事
の場合の役割を考えると，少数株主としても1名は指名しておきたいと
ころです。

（7）競業取引，利益相反取引の注意

　各当事者は，自社の取締役又は従業員を合弁会社の取締役として派遣
し，合弁会社はかかる者を取締役として選任します。派遣された者は，
出身母体の取締役又は従業員としての地位と，合弁会社の取締役として
の地位を兼ねることになります。そして，それぞれ出身母体である当事
者の意向を受けて行動し，各当事者の意向は合弁会社の取締役会を通じ
て調整されるのが一般的です。

　派遣された者が出身母体の取締役である場合は，出身母体との関係で
も，合弁会社との関係でもそれぞれ善管注意義務・忠実義務を負います。
派遣された者が出身母体では従業員の場合は，出身母体との関係では雇
用契約に基づく指揮命令権に服し，職務専念義務，守秘義務，競業避止
義務等を負い，合弁会社との関係では取締役として善管注意義務・忠実

義務を負います。

　これらの義務はそれぞれの会社に対して負うものであり，双方の利害が衝突する可能性があります。一方の利益を図って他方に損害を与えることがあってはなりません。合弁会社の設立された目的，各当事者の合弁会社における役割等も考慮に入れ，長期的な視野に立って利害を調整する必要があり，兼任している取締役は慎重な判断が求められます。

〈事例㊶〉

　そのため，各当事者と合弁会社が競争関係に立つ取引（競業取引）や，利益が相反する取引（利益相反取引）は，取締役の兼任の有無にかかわらず，合弁契約において何らかの手当てをしておくべきです。なお，取締役の兼任がある場合は，会社法上かかる取引について，出身母体と合弁会社の取締役会の事前承認が必要となる可能性があります。

(8)　資金調達

　当初の出資では資金不足になった場合には，追加の資金調達の方法が問題となります。大別すると，合弁会社が独自に資金調達する方法と，株主に資金調達を依存する方法があります。後者の場合は，各当事者に一定の追加出資義務を定め，増資か借入れのどちらで行うかも規定する場合があります。あるいは，銀行借入れに対し，株主が保証や担保提供する義務を負うこともあります。

　合弁会社の設立当初は財務的な信用がなく，銀行からの借入れは単独では難しいため，株主が出資比率に応じてサポートするのが一般的です。増資によってサポートする場合は，増資に応じない株主がいると出資比率に変更が生じるため，その手当てをどうするかという問題があります。よくある方法としては，増資に応じなかった株主がいる場合，その結果上昇した出資比率に応じて，増資に応じた株主の支配権が増加する仕組み（取締役の指名権や決議事項に関する同意権の変更など）を規定しておくことが考えられます。

（9）配当政策

　剰余金の配当は各当事者にとって重要な関心事です。特に少数株主にとっては，合弁会社の経営へのコントロールが限定されているため，合弁会社がどの程度の利益を，どのような方法で配当するかなどについて契約上で決めておくことが望ましいでしょう。しかし，実際の合弁契約上は，配当性向等の詳細を定めることは少なく，原則として配当は行わない旨や，両社合意する配当方針に従って行う旨の規定を入れることが多いでしょう。

（10）株式の譲渡制限

　合弁事業は，特定の株主間で行われるものなので，株式の譲渡制限条項を規定することになります。相手方当事者の承認を得て第三者に売却することを認める場合と，自社の子会社や関係会社にのみ売却を認めるような規定の仕方があります。その他，次に挙げるような条項を定めることがあります。

①優先先買権条項（first refusal right）

　一方当事者が，合弁会社の株式の譲渡を希望する場合に，他方当事者が一定期間同条件でその株式を第三者に優先して買い取る権利を定めた条項です。合弁事業に関心を有する第三者がいて，一方当事者がその者に株式を譲渡しようとする場面で使われます。

　典型的な条項としては，「一方当事者が第三者に合弁会社の株式を譲渡しようとする場合は，他の当事者にその譲渡内容を含め通知する。他方当事者が●日以内に買い取る旨の意思を通知した場合は，その当事者は第三者と予定している条件と同一の条件でその株式を買い取る権利を有する。」というものです。株式が第三者に譲渡されることは回避しつつ，当事者に投資の回収の機会を与えるものです。〈事例㊹〉

②売渡強制条項（コールオプション，call option）

　一方当事者が，他の当事者の保有する合弁会社の株式を強制的に売却させることができる権利を定めたものです。権利行使時の価格決定方式を明確にしておくべきです。一方当事者が単独で合弁事業を行いたいと

きに，他方当事者の株式を公正な価格で強制的に買い取るときに使われます。

③買取強制条項（プットオプション，put option）

　一方当事者が，自己の保有する合弁会社の株式を買い取ることを他の当事者に要求することができる権利を定めたものです。権利行使時の価格決定方式を明確にしておくべきです。一方当事者が合弁事業から撤退したいときに，他方当事者に自らの株式を公正な価格で買い取るよう要求するときに使われます。

④共同売付請求権（tag-along right）

　一方当事者が，第三者に株式を売却して，合弁事業を解消しようとする場合などに，他方当事者も一定条件で自己の株式を当該第三者に売却することができる権利を定めたものです。多数株主が撤退する際には，少数株主を保護することになります。一方当事者が，他方当事者以外の第三者と一緒に合弁事業を行うつもりはないため，売却するときは一緒に売却することにしたい場合に使われます。

⑤一括売渡請求権（drag-along right）

　一方当事者が，第三者に株式を売却して，合弁事業を解消しようとする場合などに，他の当事者の株式も強制的に当該第三者に売却することのできる権利を定めたものです。多数株主が，少数株主の株式も含めて全株式を第三者に売却できることになります。少数株主が残ってしまうと，第三者に売却しにくいという場合に，少数株主にも一緒に売るように要求する場合に使われます。

　これらの権利の発生には，合弁契約違反，デッドロック，合弁会社の財務状態の悪化などを発動条件とすることが通常ですが，特に条件なしに一方当事者が権利を有する規定もあります。発動条件をどうするか，売買価格をどう決めるかを慎重に検討する必要があります。特に条件なしに一方的意思表示で行使できる形にする場合は，一方当事者に有利な規定となるため，売買価格を行使者にある程度不利な価格にすることも考えられます。例えば，一方当事者が一方的意思表示で他方当事者に売却できる場合は，行使者は公正な価格から20％控除した金額で売却す

るというような規定です。

　株式の価格の決め方については，公認会計士等に時価評価させる規定もありますが，誰に評価させるか，費用負担をどうするかという問題があります。あらかじめ算定方法を具体的に合意することもあり得ますが，合弁終了時は両当事者の関係が良好でないことが多く，規定があいまいだと紛争が生じるおそれがあります。〈事例㊻，㊼〉

(11) デッドロックの解消方法

　デッドロックとは，合弁会社の両当事者の考え方が食い違い，その運営が行き詰まった状態になることをいいます。デッドロックが生じるのは，主に以下のような場合があります。デッドロックの該当事由は安易に広げると，当事者が合弁を解消できる状況を発生させるためにあえてデッドロックの事態を発生させるおそれがあるため注意が必要です。

- ・各当事者が同数の取締役を指名している場合などに，賛否同数になって決議できない場合
- ・各当事者の株式保有割合が50：50で，双方の提案が承認を得られない場合
- ・少数株主が拒否権を有する場合に，それを反復継続して行使した場合

合弁契約にはデッドロックの解消方法を規定しておくことが多く，主な条項として以下のものがあります。

- ・各当事者に合弁会社の解散請求権を認める（解散することによって残余財産を分配して合弁事業を終了する。）。
- ・プットオプション，コールオプション等の条項を設ける（上記（10）株式の譲渡制限を参照）
- ・会社分割又は事業譲渡によって事業を分ける。
- ・第三者的な取締役を選任しておく（株主から独立した客観的・中立的な判断が期待できる取締役を選任し，その者の判断にゆだねる。）。
- ・解消のための話合いの具体的プロセス，時間軸を決めておく（一定期間各当事者のトップの話合いの機会を設ける，運営委員会の判断にゆだねる，

仲裁を申し立てるなど）。

　これらの解消方法は，あくまで話合いで解決しない場合の最終的な方法であり，デッドロックが解消しないと合弁事業が解消するというプレッシャーをかけて，当事者にデッドロック解消に向けて話合いを促す意味があります。〈事例㊷〉

（12）契約終了事由

　合弁契約の終了事由としては，一般に以下のような場合が規定されます。
- ・存続期間満了
- ・倒産
- ・政府の規制による事業継続困難
- ・デッドロック
- ・一方当事者による全株式の譲渡
- ・一方当事者による重大な契約違反
- ・一定額以上の累積損失の発生

　累積損失が大きくなった場合に，当事者間で合弁会社の存続について意見が分かれると，そのまま損失が拡大し続けるおそれがあります。そのため，一定の場合に合弁契約を終了し，合弁会社の解散を請求できる条項を規定しておくことが望ましいでしょう。

　契約上存続期間や終了事由の定めがない場合に，一方当事者は自由に解約できるかどうかが問題になることがあります。長期間の継続的な契約を解約する場合は，解約に「やむを得ない事由」が必要だと裁判所が判断する可能性が高いといえます。その場合，一定の予告期間や損害賠償の支払が求められます。いずれにしても，合弁契約の終了は紛争になるリスクが高いので，契約終了時の権利関係を明確にするため，契約締結時になるべく詳しい規定を入れておくべきです。〈事例㊽，㊾〉

（13）契約終了時の手当て

　契約終了時に合弁会社の資産や負債をどう処理するかは大きな問題となります。損失の分担や，保証・担保の引継ぎの問題もあります。特に

技術やノウハウを合弁会社に提供する当事者は，秘密情報をどう回収するか又は秘密を保持させるかという点が重要です。合弁会社が生み出した技術やノウハウの帰属・利用方法，技術者の引き抜きの禁止等についても規定しておくべきです。しかしいくら契約で詳細に規定しても，現実的には，いったん開示した秘密情報を回収したり，秘密保持を法的に強制したりするのは難しいため，合弁契約の終了のリスクも考慮して，そもそも当該秘密情報を開示すべきかどうかを慎重に判断すべきです。

〈事例㊷〉

　契約終了時に，関連契約（ライセンス契約，販売店契約，出向契約，原材料供給契約など）の扱いをどうするかも重要です。株式を売り渡す当事者が関連契約の当事者である場合，株式を買い取る当事者は，当該関連契約なしに合弁会社の事業を維持できるかどうかが問題となります。維持が難しい場合，合弁解消後一定期間は関連契約を継続する規定を設けることもあります。

　その他，合弁解消時の問題として，解消までの猶予期間の長さ，合弁会社の従業員の取扱い，解消後の事業継続のための措置や競合禁止の有無なども慎重に検討し，契約に規定しておく必要があります。撤退する当事者が，合弁会社が生産する部品，製品，サービス等に大きく依存している場合は，代替製品等を確保するまでは，一定期間合弁会社の製品等を利用できるよう規定しておくことが望ましいでしょう。また，残存する当事者にとっても，一気に解消すると，合弁事業についてレピュテーションが低下するおそれがあるため，ブランドや取引先との関係維持のため，段階的に撤退を認めるような規定にしておくこともあります。

〈事例㊸〉

第3章　アライアンスのプロセス

第1　概要

　アライアンスのプロセスの概要は，以下のとおりです。（【図表-15】参照）。比較的単純な案件では基本合意書を結ばずに進めることもあり，デューディリジェンスも限定的にするか，実施しないことも少なくありません。期間についても，1か月程度でクロージングに至るケースもあれば，公正取引委員会への事前届出による待機期間が必要な場合などは半年以上かかるケースもあります。

　アライアンスの有効期間はそれぞれですが，業務提携の当初の期間は2～5年程度が多いと思います。その後は自動更新で継続することも，条件を再交渉することもあります。資本提携の場合は，有効期間を定めず，終了のメカニズムを決めておくのが一般的です。

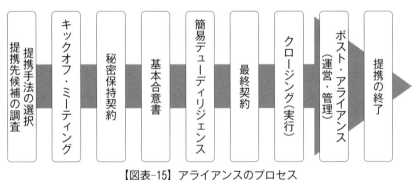

提携先候補の調査 → 提携手法の選択 → キックオフ・ミーティング → 秘密保持契約 → 基本合意書 → 簡易デューディリジェンス → 最終契約 → クロージング（実行） → ポスト・アライアンス（運営・管理） → 提携の終了

【図表-15】アライアンスのプロセス

第2　各プロセスの内容

1. アライアンス先候補の調査

　最初のプロセスは，アライアンスの戦略と目的を明確にし，それに

合ったアライアンス先候補を探し，調査することです。双方の事業内容，会社概要を調査・分析し，経営資源の相互補完性があるか，アライアンス先候補として今後交渉するにふさわしい会社かどうかの確認を行います。適切なアライアンス先を見つけることが，アライアンスを成功させる重要な第一歩となります。相手を間違えると，いくらよい契約を結んでもうまく行かないことが多いでしょう。

　アライアンス先候補が決まったら，その会社の適切な人にコンタクトし，アライアンスを打診します。その場合には，できるだけ実質的意思決定者に近い人に対して打診することによって，その後のプロセスが迅速に進みます。

2．アライアンス手法の選択

　手法の選択は，アライアンスの目的によって自ずとある程度決まってきます。Ｍ＆Ａのように会社法上・税務上どのスキームが適切かという考慮はあまり働く余地はありません。考慮すべきは，資本提携の要素を加えるかどうかです。業務提携による契約関係だけの場合，解除事由さえ生じれば容易に終了できますが，資本を入れる場合はその株式をどう処理するかという問題が生じるため，簡単には解消できず，より強固なアライアンス関係になりやすいのです。

3．キックオフ・ミーティング

　関係当事者が最初に会い，お互いに自社の紹介をし，アライアンスプラン（目的，内容，スケジュール感等）について情報交換を行います。各当事者の担当者や専門家が一堂に会することによって，その後の交渉がスムーズに進むことが期待できます。

4．秘密保持契約

　アライアンス交渉を進める上で，必要な情報を互いに開示し合う前に締結するのが秘密保持契約です。英文では，Non-disclosure Agreement（NDA）または Confidential Agreement（CA）と呼びます。販売提携であ

れば製品情報，販売実績など，技術提携であれば技術内容，製造実績など，資本提携であれば事業内容，財務情報などが開示されます。秘密保持契約を締結することによって，開示された秘密情報を厳重に秘密として管理し，第三者に漏洩しないようにすることと，アライアンスの目的以外に使用（目的外利用）しないことを確認するのが目的です。

　秘密情報はいったん開示されると，契約交渉が破談になったときの回収が困難です。開示する情報の秘密性が高ければ高いほど，秘密保持契約の内容とその実効性の確保が重要となり，開示の方法についても，最終契約が締結される直前まで開示しない，開示の際にオプションフィー（開示料）を取るなどの方法で慎重に開示する必要があります。〈事例①〉

　他方で，秘密保持契約の交渉は，アライアンス交渉の開始直後なので，あまりに厳しい秘密保持条項を要求すると，その後の交渉が円滑に進まなくなったり，信頼関係を失ったりということになりかねないリスクも考えられます。

5.　基本合意書

　基本合意書は，アライアンスの概要について合意をした上で，簡易デューディリジェンス（以下「DD」といいます。）や最終契約の交渉に進むためのプロセスです。英文では，Letter of Intent（LOI）又はMemorandum of Understanding（MOU）と呼びます。

　基本合意書で双方の考え方や大まかな条件を確認することによって，その後のプロセスが円滑に進むことになります。

　基本合意書には法的拘束力を持たせないのが一般的ですが，法的拘束力のある独占交渉権（義務）を認める場合もあります。基本合意書の内容には，アライアンスの目的，内容，スケジュール感，DDへの協力義務，独占交渉権等が規定されているのが一般的です。独占交渉権については問題になりやすいので，その期間や違反の効果等に関する規定の仕方には注意が必要です。〈事例②〉

　シンプルなアライアンスの場合は，基本合意書を締結せずに，最終契

約の交渉に入る場合もあります。なお，当事者が上場企業の場合には，基本合意書の締結が適時開示の対象になる可能性があるため，その内容や法的性質等に照らして，開示の必要性を慎重に検討すべきです。

6.　簡易デューディリジェンス

　アライアンスにおいては，M＆Aに比べて簡易かつ対象を限定したDDが行われるのが一般的です。アライアンスの目的・対象に応じて，アライアンスの目的の実現可能性，アライアンスに関連する分野の問題の有無，アライアンス前又は後に行うべき手当て等を調査・確認します。アライアンスの実施による費用対効果や実現可能性を検討することをフィージビリティ・スタディと呼ぶこともあります。

　具体的には，技術提携であれば相手方の技術力や実施能力などを中心に調査します。重要なアライアンスや資本関係が生じる場合においては，アライアンス先の財務状態やコンプライアンス違反の有無等，自社のアライアンス先としてリスクがないかどうかという観点から，企業全体について把握しておくことが望ましいといえます。〈事例㊺〉

　アライアンスの対象技術が第三者の知的財産権を侵害していたり，アライアンス先が反社会的勢力と関係していたりするなど重大な問題が見つかった場合は，案件が中止されることもあります。〈事例③〉

7.　最終契約

　アライアンスの諸条件を法的拘束力のある形で正式に合意するのが最終契約です。英文では，Definitive Agreement（DA）と呼びます。

　最終契約においては，ビジネス上の条件の合意が大きな部分を占めますが，後日問題になりやすい各当事者の権利義務，契約の終了事由，競業避止条項等は慎重に法的な検討を加えて交渉すべきです。

　問題が発生したときや契約終了時の状況を想定して，リスクを避ける又は軽減するためにはどうしたらいいかを考え，自社に有利になるよう条件交渉をします。アライアンスは長期の信頼関係が必要になるため，どちらかに一方的に有利な契約はかえって紛争が生じやすいこともあり，

相互に合理的な妥協点を見つけることが重要です。

　本書第2編で解説する紛争の多くは，最終契約の内容に関連して発生しています。

8.　クロージング（実行）

　資本提携以外のアライアンスにおいては，最終契約の締結と同時に又はそれから一定期間経過後に効力が生じ，それがクロージング（実行）となります。資本提携の場合は，株式の譲渡又は新株の発行が，最終契約締結と同時又は近接して行われることにより実行されます。クロージングの前提条件が契約上規定されている場合は，その充足を確認して実行することになります。

9.　ポスト・アライアンス（運営・管理）

　ポスト・アライアンス（アライアンスの運営・管理）は，アライアンス成立後その契約内容を実現し，よりよい関係を築いていくためのプロセスです。運営・管理をどのように進めるかについては，アライアンス交渉の早い段階から検討し，アライアンス成立直後から計画を着実に実行に移すことが大切です。アライアンスの成果を上げるため，社内の責任者と具体的な目標やその達成手法を決め，その達成度をモニタリングすることが重要です。

10.　アライアンスの終了

　アライアンスは永久に続くものではなく，期間満了，解除権や解約権の行使等の契約上の規定により，又は当事者間の合意解約により終了します。アライアンスの場合，他のスポットの契約と違って長期的な信頼関係に基づくため，解除事由は重要な契約違反に制限されることが多い反面，支配権の変動やデッドロックなどアライアンスの前提が失われた場合は，解除事由とされるのが一般的です。また，解約権の行使についても，アライアンスの目的が達成されない状況でいつまでも継続するのは経営資源の無駄になるので，年間の売上げや営業利益等に定量的な基

準を設け，それを連続して達成できない場合は，各当事者に解約権が与えられることがあります。

　双方にとってアライアンスを終了することについての利害が一致していれば比較的問題になりにくいものの，そうでない場合はそれぞれの提供していた経営資源の回収や損益分配等をめぐって紛争になることがよくあります。日本企業同士の契約では，終了時の権利関係について詳細に規定することは稀であり，終了時の状況に応じて当事者間で話し合って決めることになってしまいます。

　しかし，終了時には利害が相反し話合いが難しくなるため，あらかじめ契約上一定のルールを決めておくことが望ましいといえ，アライアンスの終了事由，終了の効果とともに，アライアンスの成果物の権利関係，仕掛中の案件の処理，秘密情報の返還，関係する従業員の扱いなど，終了に関連して決めておくべきことが多数あります。また，アライアンスにおいては，同じ当事者間で関連する複数の契約が締結されることがよくあります。1つが終了したときの他の契約への影響についても規定しておくべきです。さらに，定期的にアライアンスの内容を見直し，契約条件の変更を協議する旨の条項を規定することもあります。〈事例㊵〉

　他方，終了時には契約内容に従った解決に限らずに，他に代替策がないかを検討すべきです。契約締結時には想定していなかった形で，当事者双方にとってメリットがある解決策が見つかることもあります。お互いの利害関係，権利義務を分析しつつ，ビジネス上の観点や第三者の関与の可能性を考慮することによって，裁判によらずに双方が納得できる解決を目指してみましょう。〈事例㉓〉

アライアンスと独占禁止法

第1　独占禁止法上の留意点

　アライアンスには，当事者間のシナジー達成により競争の促進（市場の活性化）につながる面がある一方，有力な事業者によるアライアンスで市場における競争が制限されることにもつながります。独占禁止法上のリスクは，このような競争促進と競争制限の効果のバランスによって決まります。具体的には，アライアンスの目的・範囲と当事者の市場（一定の取引分野）におけるシェアが主な考慮要素となります。

　アライアンスに関する紛争事例を見ていく上で，独占禁止法による規制の概要を知っておくことは大変重要になります。アライアンスにおいて独占禁止法が問題になるのは，主に以下のような場合です。
・企業結合規制
・私的独占
・不当な取引制限
・不公正な取引方法
・情報交換

　市場への影響が大きいアライアンスについては，事前に公正取引委員会への相談を検討すべきです。

第2　各規制の概要

1．企業結合規制

　企業結合規制は，アライアンスに関しては，資本提携において問題になります。

　企業結合規制の対象となるのは，株式の取得，役員兼任，合併，会社分割，共同株式移転及び事業譲受け等です。これらによって一定の取引分野における競争を実質的に制限することになる場合は，当該行為は禁

止されます。公正取引委員会は，「企業結合審査に関する独占禁止法の運用指針」（企業結合ガイドライン）を公表しています。

　また，役員兼任を除く各行為においては，売上高等の一定の基準を満たしている場合には，公正取引委員会への企業結合届出が必要になります。その場合には，公正取引委員会が受理した日から少なくとも30日間の待機期間があり，審査の結果次第では問題解消措置を講じない限り企業結合が禁止されることもあります。

2. 私的独占

　私的独占には，「排除型私的独占」と「支配型私的独占」とがあり，独占禁止法3条により禁止されています。

　「排除型私的独占」は，事業者が単独又は他の事業者と共同して，コスト割れ供給，排他的取引，抱き合わせ，供給拒絶・差別的取扱いなどの手段を用いて，競争相手を市場から排除したり，新規参入者を妨害したりして市場を独占しようとする行為です。

　「支配型私的独占」は，事業者が単独又は他の事業者と共同して，株式取得，役員兼任等の企業結合や取引上の地位の不当利用などにより，他の事業者の事業活動に制約を与えて，市場を支配しようとする行為です。

　私的独占に該当する行為をした場合は，公正取引委員会により，排除措置命令や課徴金納付命令が出される場合があります。また，刑事罰を受ける場合もあります。

　特に市場シェアの大きい企業同士のアライアンスの場合，その実行によって私的独占が生じないように注意する必要があります。

3. 不当な取引制限

　不当な取引制限とは，競争事業者と共同して相互にその事業活動を拘束し，市場における競争を実質的に制限することです。

　競争業者間で行われるアライアンス（水平的アライアンス）の場合に問題になりやすいといえます。典型的な不当な取引制限は，カルテルや入

札談合等ですが，アライアンスを行うこと自体は不当な取引制限にはあたりません。しかし，アライアンスの効果を総合的に判断して，競争の実質的制限が生じるとみなされた場合には問題になります。

　これらの規制は，主にアライアンスを行う前に検討することになり，本書が対象とする当事者間の紛争には直接関係がないので，詳細については触れないことにします。

4. 不公正な取引方法

　不公正な取引方法とは，①独占禁止法2条9項1号から5号に該当する行為と，②同項6号に定める行為であって，公正な競争を阻害するおそれがあるもののうち，公正取引委員会が指定するものをいいます。②については，公正取引委員会が告示した「不公正な取引方法」（昭和57年6月18日公正取引委員会告示第15号，平成21年10月28日最終改正。以下「一般指定」といいます。）1項から15項に規定されています。①と②の具体的な行為形態は以下のとおりです。

　・共同の取引拒絶
　・その他の取引拒絶
　・差別対価
　・取引条件等の差別的取扱い等
　・事業者団体における差別的取扱い等
　・不当廉売
　・不当高価購入
　・ぎまん的顧客誘引
　・不当な利益による顧客誘引
　・抱き合わせ販売等
　・排他条件付取引
　・再販売価格の拘束
　・拘束条件付取引
　・優越的地位の濫用
　・取引の相手方の役員選任への不当干渉

・競争者に対する取引妨害

・競争会社に対する内部干渉

これらの行為は，独占禁止法 19 条によって禁止されています。

　各アライアンスの類型において，契約の内容や取引の実態にこれらに該当する行為があると問題になります。当事者間の公正な競争を阻害するおそれのある行為なので，それらの行為を強いられた当事者がクレームすることにより紛争になったり，公正取引委員会に通報したりという事態が生じます。詳細については，公正取引委員会が公表している各ガイドラインが参考になります。〈事例⑥，⑮，⑳〉

5. 情報交換

　アライアンスの準備プロセスにおいては，その実現可能性やシナジーの検討に関する情報，DD において提供される情報，実行に向けた実務的な情報など，様々な情報が交換されます。情報交換そのものは，独占禁止法上問題となりませんが，その内容によっては，競争事業者間で将来の行動の予測が可能になり，競争を制限するような暗黙の了解や共通の意思が形成されたり，競争制限行為が行われたりすると，不当な取引制限として違法となります。具体的には，価格，生産量，販売量などの情報が問題となります。情報交換は，アライアンスのために必要不可欠な範囲で行うべきです。特に，価格等の競争上重要な情報については，販売・営業部門と契約交渉チームとの間で，電子的・物理的な情報遮断措置を取ることが求められます。

　また，資本提携において企業結合届出の対象となる場合は，ガン・ジャンピングも問題になります。ガン・ジャンピングとは，アライアンスの実行前に，競争に影響のある行為が行われてしまうことをいいます。アライアンスの交渉のどのタイミングでどのような情報を交換し，その情報をどのように管理するかを慎重に検討する必要があります。

第5章　アライアンスに関する紛争

　アライアンスの交渉は，数か月にわたる交渉期間において，双方が秘密情報を開示し合い，相当の時間，費用，労力をかけて行うことになります。アライアンス契約は，双方にとって重要な契約であることが多く，うまくまとまらず破談になったり，交渉時の情報提供や説明の内容が問題になったりすることもよくあります。いわゆる「契約締結上の過失」と呼ばれている問題であり，契約交渉過程における信義則上の注意義務が判例上認められています（最高裁昭和59年9月18日判決・集民142号311頁，最高裁平成23年4月22日判決・金法1928号111頁など）。

1. 誠実交渉義務

　アライアンス交渉では，条件がまとまらなかったり，まとまっても想定外の事実（例えば隠れた多額の債務，ビジネス環境の大きな変化，天変地異等）が発生すると，交渉は破談になることがあります。そのような場合に，相手方にアライアンス契約の締結を強制することはできず，契約交渉にかかった費用等についての損害賠償その他の法的請求をすることができるかどうかも問題になります。

　判例上，一般に契約交渉においては，契約準備段階における信義則上の注意義務が認められています。つまり，ある程度契約交渉が進んだ段階においては，一方的にそれまでの交渉を取りやめることはできず，誠実に交渉して契約の締結に努める信義則上の義務（誠実交渉義務）が生じる場合があります。

　契約交渉において，特別な合意がない限り，最終的な契約を締結するかどうかは各当事者の自由です。一方当事者が締結を望んだとしても，他方当事者はこれを拒否できます。しかし，契約交渉が一定の段階まで進んだ場合は，誠実交渉義務が生じます。その段階を過ぎて，正当な理

由なく契約の締結を拒否した場合は，相手方に生じた損害を賠償する義務が生じることがあります。このようなケースで実際に損害賠償が認められた過去の事例は，少なくとも契約の主要な部分について合意が成立し，最終契約の交渉の最終段階に至っているようなケースに限られています。〈事例⑤〉

2.　情報提供義務・説明義務

アライアンス交渉は，事業者間における対等なものなので，契約交渉において情報収集や分析は各自の責任で行うべきであり，交渉当事者は，原則として相手方に対し情報提供義務や説明義務を負うものではないと考えられています。ただし，例外的に，一方当事者が契約締結の妨げになる事情があることを通知しなかった場合に，自己の先行行為によって形成された相手方の認識を是正すべき注意義務があったと認定した判例があります（最高裁平成24年11月27日判決・集民242号1頁）。

例えば，技術提携に際し，対象技術に重大な訴訟が提起されていて，その利用を差し止められてしまうリスクがあるのに，その事実を相手方に知らせずに契約締結の直前まで交渉を進めた場合，相手方は技術提携が成立すると信じて工場の建設や人員の手配をすることがあります。後日，このような訴訟が明らかになって，技術提携交渉が破談した場合，訴訟について黙っていた当事者は，相手方が契約成立を信じて支出した費用について損害賠償義務を負う可能性があります。つまり，相手方が契約締結に向けて具体的な行為を開始し，かつそのような行為を開始することが合理的な場合は，当該契約の締結を妨げる事実が見つかれば直ちに相手方に知らせる義務があるといえます。

第2　アライアンスの実行段階

アライアンスに関する契約は，長期間の信頼関係に基づく取引について規定します。アライアンスの期間中によく紛争になるのは，契約交渉時に想定したような成果が得られず，目的を達せられないか，又は想定

以上の成果が出て，当初の契約内容がいずれかにとってフェアでなくなるときです。後者は話合いで解決しやすい場面ですが，前者は解決が難しいことが多くなります。販売提携や技術提携で製品が思ったより売れなかったときや，製品に欠陥が生じたときなどです。

　契約に詳細な規定があれば，それに従って解決することになりますが，契約交渉時にはアライアンスに問題が生じるケースを想定して詳細に規定することは少なく，その場合は，契約に従った解決が難しくなります。契約交渉時に様々な事態をできる限り想定し，必要な条項を入れておくことと，定期的に契約を見直してアライアンスの実態に合わせることが重要です。

　また，独占禁止法，下請法等の関連法令やそれらのガイドラインに違反したり，知的財産権侵害など第三者との間でトラブルが生じたりして，当事者間でその対応をめぐって紛争になることもあります。特に大企業と中小企業との生産提携や販売提携，大企業とベンチャー・スタートアップ企業との技術提携においては，大企業がビジネス上優位な立場や，法律上の知識を使って，自社に不当に有利な契約を結んだり，不当な要求を繰り返すことがあり，問題になっています。

　本書第2編で検討する紛争事例の多くは，この段階で発生したものです。

第3　アライアンスの終了時

　アライアンスにおいては，長期的な信頼関係を保護するため契約の終了が制限されることがあり，解除や解約をめぐって紛争になることがあります。また，重要な秘密情報の開示や人的交流が行われるので，その終了時にはアライアンス解消に伴う当事者間の権利義務の調整が必要になります。契約締結時に終了の効果まで詳細に規定することは少なく，実際に長期間続く契約の終了時を想定して全て規定することは不可能です。また，日本企業のマインドとして，アライアンスの開始時に終了の効果について細々と交渉するのは，相手に悪い印象を与えるのではと思

い，遠慮する傾向があります。

　したがって，期間満了による終了であっても，何らかの問題が生じることは避けられません。ましてや，契約違反による終了の場合は話合いによる解決は難しく，紛争になることが少なくありません。

　よく問題になるのは，在庫品や仕掛品の扱い，秘密情報の扱い，競業避止義務の範囲などです。資本提携の場合は，さらに保有する株式の処分についても，譲渡の相手や対価の算定方法について紛争になることなどがあります。

第**2**編

紛争事例

第1章 アライアンス交渉中の事例

1. 秘密情報が相手方の新商品開発に使われた事例〈事例①〉

〈経　緯〉

　ベンチャー企業であるＸ社は，上場企業であるＹ社と共同研究開発を行うために，秘密保持契約を締結して，自社のバイオ技術に関するノウハウをＹ社に開示しました。Ｘ社の社長は，Ｙ社から，一般的に使っているひな形の秘密保持契約であると説明を受けて契約書のドラフトを受け取り，よく読まずに締結しました。Ｙ社の交渉チームは，開示を受けたノウハウを，共同研究開発を実施するかどうかの検討のために使用するとともに，開発部門にも開示してその有用性について調査しました。Ｙ社の開発部門では，そのノウハウがＹ社の新商品の開発チームにも共有された可能性があります。Ｘ社とＹ社の共同研究開発契約は，条件がまとまらなかったため締結されませんでした。

　ところがその２年後に，Ｙ社は，Ｘ社のノウハウを使ったと思われる新商品を発売しました。Ｘ社はＹ社に対し，新商品の発売の差止めと損害賠償を請求しました。Ｙ社は，Ｘ社のノウハウは使用せずに独自に新商品を開発したとして，Ｘ社の請求を拒否しました。秘密保持契約には，Ｙ社の開発部門への開示や，目的外利用を禁止する規定が含まれていませんでした。

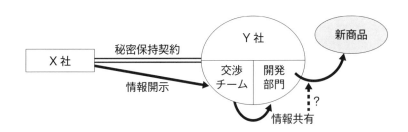

〈結　果〉

　X社としては，Y社に対し，秘密保持契約違反と，不正競争防止法の営業秘密の不正利用を主張しましたが，立証は容易ではなく，訴訟をする時間と費用を考えて泣き寝入りせざるを得ませんでした。

〈検　討〉

(1)　秘密保持契約の重要性

　秘密保持契約においては，何の目的で秘密情報を開示するかを明確にすることが必要です。本件の場合は，ある特定の事業分野での共同研究開発の実現の可能性を検討するためということになります。目的外利用の禁止を規定しなかったり，目的を広く規定したりすると，受領者が，アライアンスの直接の対象となっていない他の事業との関係でも秘密情報を使用できることになってしまい，秘密情報の使用範囲が拡大して開示者の事業に悪影響が出るおそれがあります。

　開示を受ける者が多ければ多いほど漏洩や目的外利用のリスクも高まります。契約当事者の社員のうち開示を受ける者を限定するか，親会社，子会社，関連会社，コンサルタントなどへの開示を認めるか，認める場合それらの者とも同様の秘密保持契約の締結を条件とするかなどが検討されます。

　本件では，Y社のひな形を安易に受け入れたため，目的外利用の制限がない契約を結んでいました。X社としては，秘密保持契約に以下のような条項を規定しておくべきでした。

---

(1) Y社は，秘密情報を，本件業務遂行の目的のために知る必要のある自己の役員及び従業員に限り開示するものとし，その受領者に対して本契約と同等の義務を負わせるものとする。

(2) Y社は，秘密情報を本件業務遂行の目的以外の目的で使用，複製及び改変してはならず，本件業務遂行の目的に合理的に必要となる範囲でのみ，使用，複製及び改変できるものとする。

　また，Ｘ社としては，情報の管理方法を指定する，利用状況の報告を求める，利用状況を監査するなどの権利を規定することも考えられます。

　他方，秘密情報の受領者としては，アライアンス交渉チームと，開発部門や事業部内との間で情報を遮断しておくことが重要です。後日，情報開示者からその秘密情報が受領者の新製品の開発に流用されたのではという疑いをかけられたとき，反証できるようにするためです。

(2) 違反の効果

　秘密保持契約において，秘密保持義務に違反した場合は，差止め及び損害賠償を請求できると規定するのが一般的です。差止めについては，裁判では，事後的な損害賠償では回復できないような甚大な損害が発生する可能性が高い事実がなくては認められません。しかし，実際に裁判所に対し，漏洩や目的外利用が行われる前に，多くの証拠を集め，整理し，この点を立証できるようなケースは稀です。損害賠償についても，漏洩や目的外利用と損害との間の相当因果関係を立証するのは容易ではないでしょう。

　本件においては，Ｙ社がＸ社のノウハウを実際に使用したかどうかは，そのノウハウがよほど独自性の高いものでなければ，独自に開発されたものであると主張された場合に，そうでないことを立証するのは難しいと思われます。Ｙ社の開発部門の中の開発プロセスは，Ｘ社にはわからないためです。仮に，Ｘ社のノウハウの使用が立証できたとしても，ノウハウの使用された新商品が販売されたことによってＸ社に損害が発生したという相当因果関係やその損害額の立証も容易ではありません。

　そのため，違反があった場合のペナルティを秘密保持契約に規定することが交渉されることもあります。しかし，アライアンス交渉のスタート時点の情報開示において，違反の際のペナルティ金額を議論するのは現実的には難しく，規定されることはほとんどありません。むしろ，情報開示の際にオプションフィーのような形で一定の開示料を取り，アライアンスが成立した場合は対価との関係で精算し，成立しなかった場合は没収するか一定額返還するような取決めもあります。そのような場合，

仮に情報漏洩があった場合は，開示料は損害賠償の一部に充当されることになります。

　いずれにしても，契約終了後の秘密情報の扱いは，仮に違反があったとしても実際に立証するのは難しいことが多いでしょう。漏洩のリスクを一定程度想定した上で，そもそも開示するべきかどうかを決めるという割り切りも必要です。

　X社のノウハウは，不正競争防止法の営業秘密の要件（秘密管理性，非公知性，有用性）を満たしていたので，同法2条1項7号の不正利用行為にあたる可能性もありました。しかし，Y社による使用があったことや，「不正競争その他の不正の利益を得る目的又はその保有者に損害を与える目的」があったことを立証することは難しい状況でした。なお，営業秘密の侵害が認められれば，不正競争防止法5条の損害額の推定規定や，同法21条の罰則規定があるので，契約違反に基づく損害を立証するよりは，より強い立場での交渉が可能になります。

　このような状況において，ベンチャー企業であるX社は，上場企業であるY社を相手に訴訟で争う時間と費用の負担には耐えられず，泣き寝入りをせざるを得ないことになりました。

2.　独占交渉権が侵害された事例〈事例②〉

〈経　緯〉

　フィンテック企業のX社は，同業のY社との間で資本業務提携を計画し，ある程度交渉がまとまったので，Y社との間で基本合意書を締結しました。基本合意書には，以下のとおり独占交渉権が規定され，法的拘束力があるとされています。

> X社は，Y社に対し，本合意書の有効期間中，X社との本件資本業務提携に関する独占的な交渉権を付与するものとし，X社は本合意書の有効期間中，第三者との間で本件資本業務提携又はこれと類似の取引に関する検討，交渉，合意又は契約の締結を行ってはならないものとする。

　Y社は，X社に出資するために，弁護士や公認会計士に依頼して，X社に対するデューディリジェンスを行いました。

　ところが，交渉期間中に，X社は，同業のZ社から，より有利な条件の提案を受けたため，Y社には秘密にして，Z社との交渉を進め，話がまとまりそうになったため，Y社との交渉を打ち切ることにしました。Y社としては，同業のZ社とX社が提携することは何としても避けたい事態です。そこで，Y社は，X社に対し，独占的交渉権条項の違反を理由に，Z社との交渉の中止と損害賠償を請求しました。

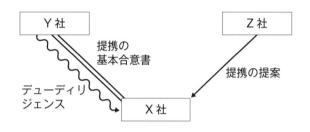

〈結　果〉

　X社の基本合意書違反は明らかでしたが，Y社として差止めの必要性や損害額を立証することは容易ではなく，X社としてもZ社とのアライアンスを進める上で，早期解決が必要でした。両者の話合いで，X社がY社に一定の和解金を支払うことにより解決しました。

〈検　討〉

(1) 基本合意書と独占交渉

　基本合意書には，相手方と独占的に交渉する義務と誠実に契約締結に向けて交渉する義務が規定されることがあります。独占交渉義務は，相手方に対し第三者との交渉を禁止するものであり，1対1の交渉の土俵を設定する条項であるといえます。

　この点が問題になった事例として，住友信託銀行対UFJグループの事件があります。両社はアライアンスに向けて基本合意書を締結しまし

たが，UFJ グループは，最終契約締結の前に交渉を一方的に打ち切り，三菱東京フィナンシャルグループとのアライアンスに変更しました。この件の基本合意書には独占交渉義務，誠実交渉義務が規定されていました。

　交渉差止めを求める仮処分の中で，最高裁判所は，平成 16 年 8 月 30 日の決定（民集 58 巻 6 号 1763 頁）で，独占交渉義務，誠実交渉義務の法的拘束力を認め，これに違反したことによる損害賠償義務の存在を肯定しました。しかし，交渉の差止めについては，差し止めなければ住友側に著しい損害が発生するとはいえないとして，その必要性を認めませんでした。その後の損害賠償請求訴訟において，東京地裁では三菱側が勝訴（東京地裁平成 18 年 2 月 13 日判決・判タ 1202 号 212 頁参照），東京高裁では三菱側が住友側に 25 億円を支払って和解しました。和解で終わったので，裁判所による損害額の算定の考え方は示されませんでしたが，損害額は，アライアンスが成立したら得られたであろう利益相当分ではなく，アライアンス交渉にかかった費用相当分が基準になると考えられています。

　基本合意書の締結後に，より有利な条件でアライアンスを申し出る第三者が現れた場合，取締役は独占交渉義務にもかかわらず，善管注意義務の観点から，かかる第三者と交渉すべき場合もあるとする考え方もあります。独占交渉義務違反の損害額を立証しないで済むように，クロスボーダーの案件では，一定の違約金（ブレークアップフィー）を規定することもあります。相手方から見ると，違約金を払えば独占交渉義務に反して第三者と交渉できることにもなります。アメリカでは，ペナルティの金額は取引対価の数パーセントが一般的といわれています。さらに，積極的にそのような第三者との交渉を認める規定（フィデューシャリーアウト）もあり得ます。

(2) 基本合意書違反の効果

　本件においても，X 社の基本合意書違反は明らかですが，上記最高裁の決定を参考にすると，Z 社との交渉を差し止める必要性は認められに

くいと考えられます。Y社の損害賠償請求については認められる可能性がありますが，上記損害賠償請求訴訟の東京高裁での審理が和解で解決しているので，どの範囲の損害まで認められるかは不明確です。東京地裁の判決から考えると，アライアンスが成立した場合の得べかりし利益までは損害にはならず，契約交渉やデューディリジェンスにかかった専門家の費用等の実際にかかった費用が最大値になりそうです。

　X社も基本合意書違反の事実は認めていて，Z社との交渉を進める上で，訴訟になることは避けたい意向がありました。また，今後Y社と何らかの取引が発生する可能性もあり，円満に解決したい面もありました。

　そこで，両者は，X社がY社に一定額の和解金を支払うことによって，早期に解決することにしました。このように，アライアンス交渉において基本合意書を結び，独占交渉権を規定することにより一定の法的拘束力を課すことは可能ですが，その違反の効果にも留意することが必要です。また，X社にとってより有利な条件を提示する者が現れる可能性を考えると，独占交渉の期間は3〜6か月，長くても1年以内にしておくべきでしょう。

3. デューディリジェンス後の破談〈事例③〉

〈経　緯〉

　大手製薬会社X社（上場会社）は，ベンチャー企業であるバイオ企業Y社と資本業務提携を行うことを計画しました。X社は，Y社による第三者割当増資を引き受け，Y社の発行済株式の30％程度を取得することを想定して，Y社と基本合意書を締結し，デューディリジェンス（以下「DD」といいます。）を行いました。X社は，Y社のバイオ技術に関心を持っており，共同研究開発を行い，長期的な関係を築くことを目指していました。

　DDは，Y社の技術力や知的財産権を中心に行われましたが，インターネットの情報や業界のデータベース等を調査するうちに，株主や取引先の中に反社会的勢力との関わりが疑われる会社が見つかりました。

X社としては，Y社の技術力は魅力的でしたが，反社会的勢力との関係を否定できない以上，資本業務提携を結んでグループ会社になることはコンプライアンス上許されないため，本件は取りやめにせざるを得ない旨Y社に伝えました。

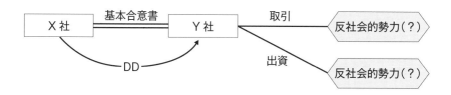

〈結　果〉

　Y社は反社会的勢力との関わりを否定するだけの事実を提示できず，X社とのアライアンスは破談となりました。

〈検　討〉

（1）アライアンスのデューディリジェンス

　M＆Aの際のDDと違って，アライアンスの際のDDは，その関連する分野を中心に限定的に行われることが一般的です。しかし，本件のように業務提携だけでなく，資本提携も行う場合は，相手方の会社が自社のグループ会社となった場合に，コンプライアンス上問題がないかという観点で調査することになります。特に，本件X社のように上場会社の場合は，反社会的勢力との関係は厳しくチェックされます。

　ベンチャー企業の場合，大企業と違ってコンプライアンス体制は整っておらず，役員や従業員のリーガルマインドも低いことはある程度やむを得ません。そのため，以下のような問題が見つかることはよくあります。

- ・株主構成が不明である
- ・株主総会や取締役会が適法に行われていない
- ・株主や関連当事者との取引で会社にとって不利な条件のものがある
- ・新規ビジネスについて必要な許認可を取っていない
- ・契約書が締結されていない又は実態と契約書が乖離している取引がある
- ・未払残業代がある
- ・粉飾決算の疑いがある

　これらの問題については，事後的な同意や金銭の支払によって解消できることが多いといえますが，ビジネスモデルが違法であったり，反社会的勢力との取引が疑われる場合には，解消が難しくなります。

(2) 反社会的勢力の問題

　反社会的勢力との関係が疑われる株主がいると，株式を譲渡してもらうか強制的に会社が取得する手続き（スクィーズアウト）を取らないと関係を解消できません。ベンチャー企業は，アーリーステージで資金が不足すると，多少怪しい投資家からでも出資を受けたくなりますが，いったん株主になると追い出すことは容易ではないので，資本政策は慎重に考えるべきです。取引先についても，契約を解除すれば簡単に関係が切れるとは限らず，過去の取引については問題が残ってしまいます。

　本件において，Y社は，株主や取引先に反社会的勢力が存在しないことを証明しようとしましたが，ないことの証明は「悪魔の証明」といわれるように難しいものです。X社が上場会社ということもあって，反社会的勢力との関係が原因でアライアンスは破談に終わりました。Y社としては，DDにおいてX社に重要な秘密を開示しただけに終わってしまったことになります。

　本件のような状況では，Y社は，X社がアライアンスを打ち切ったことによる責任をX社に追及することもできません。むしろ，本件では，Y社はX社が求めるままに重要なノウハウを開示してしまい，今後X

社によってそのノウハウが研究開発に利用されるリスクを抱えてしまい
ました。X社が，Y社の技術力に関心を持ってDDを行う以上，適切な
評価を受けるためには，ある程度のノウハウの開示は必要ですが，アラ
イアンス交渉には破談の可能性があります。DDで安易に開示するので
はなく，特に重要なノウハウについては，最終契約の交渉がほぼまとま
る段階まで開示を遅らせることにすべきです。

4. 事前に公正取引委員会に相談した事例〈事例④〉

〈経　緯〉

　化学品メーカーであるX社とY社が，OEM供給による生産提携を検
討していました。日本における化学品Aの製造販売会社はこの2社だ
けであり，販売に占めるシェアは，X社約60％，Y社約30％，輸入品
が約10％となっています。

　化学品Aの日本における市場規模は縮小し続け，2社の年間売上高は
最盛期の4分の1程度まで縮小しています。他方，輸入品は，化学品A
と同等の品質で価格が安いので，シェアは年々拡大し，今後も拡大する
見込みです。

　X社は，日本における化学品Aの市場規模の縮小や輸入品の増加によ
り収益が悪化したため，化学品Aの自社製造を中止し，Y社に対し，X
社ブランドの化学品を製造してもらい，OEM供給を受けて販売するこ
とを検討することにしました。2社は，それぞれ独自に化学品Aを販売
し，互いに販売価格，販売数量，販売先等には一切関与しない予定です。

　現状における2社の合同シェアは約90％になり，海外事業者やユー
ザーの立場からは，一定の取引分野における競争を実質的に制限してい
るようにも見えます。X社は，弁護士に相談し，理論武装した上で，公
正取引委員会に本件提携が独占禁止法上問題がないことの確認を求めて
相談しました。

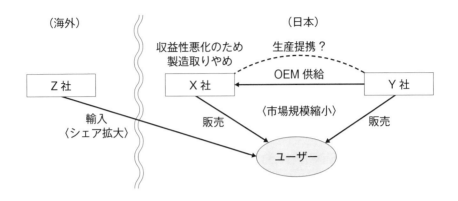

〈結　果〉

　公正取引委員会は，本件 OEM 供給は競争を実質的に制限するもので
はないと判断したため，X 社と Y 社は本件提携を実行することにしま
した。

〈検　討〉

(1) 本件提携の理由

　本件は，公正取引委員会の「独占禁止法に関する相談事例集（平成26
年度）」に掲載された事案をベースにしています。X 社と Y 社のシェア
を合わせると約90％になるため，一定の取引分野における競争を実質
的に制限するおそれがありました。X 社としては，このまま自社の工場
で化学品 A を製造することは収益が悪化するだけであり，今後の業績
回復も期待できない状況でした。経済合理性のある選択肢としては，製
造販売を取りやめるか，Y 社から OEM 供給を受けるかのどちらかしか
ありませんでした。

　X 社と Y 社は，X 社による製造撤退を理由とする提携であり，お互い
に販売条件について一切関与しないため，競争制限効果がないことを強
調することにしました。本件提携を行わず X 社がこの市場から単純に
撤退すると，かえって Y 社によるシェアを高め，競争の減少につなが

ります。また，海外からの輸入品は同品質で安価であるため，今後も
シェアが拡大することが予想されました。これらの点について，なるべ
く具体的な数値を提示して，市場の競争状態がなくならないことを主張
することにしました。

(2) 公正取引委員会の判断

　公正取引委員会は，以下の理由付けで本件は独占禁止法上問題となる
ものではないと判断しました。

　本件は，我が国における化学品Aの販売分野において合計で約90パー
セントのシェアを有する2社の間において，X社が，その販売する化学
品Aの全量について，Y社からOEM供給を受けるものであるが，
　(1) 収益性悪化のため化学品Aの製造から撤退するX社に対するOEM
　　　供給であること
　(2) 2社は，それぞれ独自に化学品Aを販売し，互いに販売価格，販売
　　　数量，販売先等には一切関与しないこと
　(3) 価格競争力を有する輸入品のシェアが年々拡大し，今後も拡大する
　　　見込みであること
　から，我が国の化学品Aの販売分野における競争を実質的に制限するも
のではなく，独占禁止法上問題となるものではない。

　本件は，事前に公正取引委員会に相談し，クリアランスをもらったこ
とによって，後日，独占禁止法違反を主張されて提携を解消しなければ
ならなくなるリスクを回避できました。このように，独占禁止法上問題
になるリスクがある提携については，事前に公正取引委員会に相談し，
クリアランスをもらうべきです。その際は，独占禁止法に詳しい弁護士
と協議し，必要な資料を集め，公正取引委員会への説明の仕方を十分検
討することが重要になります。

5. 契約締結上の過失が認められた事例〈事例⑤〉

〈経　緯〉

　精密機器メーカーX社は，コンピュータ機器メーカーY社との間で，ゲーム機の共同開発について交渉を重ねましたが，最終的に共同開発契約の締結には至りませんでした。X社は，Y社から見積書や発注書を受領し，本件製品の開発等にも着手しました。X社は，これらの事実から共同開発契約の締結は確実であると信頼して本件商品の製造を行いました。

　しかし，上記交渉においては，開発費の概算が不明であり，対象機の特許権の帰属や製造権・販売権の内容について特に議論されていませんでした。X社は，Y社が一方的に交渉を終了したことを理由として，自ら支出した開発費と本件商品の販売利益相当額の約1億6000万円の損害賠償を請求しました。

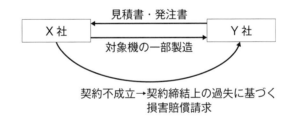

〈結　果〉

　裁判所は，共同開発契約の成立は認めませんでしたが，契約締結上の過失に基づき約1億3000万円の損害賠償請求を認めました。

〈検　討〉

（1）開発契約の準備段階

　本件は，東京地裁平成14年10月28日判決（金商1274号31頁）をベースにしています。共同開発契約においては，本件のように正式に契約が締結される前に開発をスタートすることがよくあります。その理由

としては，納期に間に合わせるために早めに着手したかったり，ある程度製造してみないと仕様が決まらなかったりといった事情があります。特に，ソフトウェアなど無体物については，契約書を締結する前に開発をスタートすることが多く，トラブルが生じやすくなります。

本件では，契約締結上の過失を理由に損害賠償請求が認められました。契約の準備段階に入った当事者は，相手方の財産等を害しない信義則上の義務を負い，この義務に違反して相手方に損害を発生させた場合は，それを賠償しなければならないとされています。

本件の上告審（最高裁平成19年2月27日判決・集民223号343頁）では，Y社が発注書や条件提示書を交付し，X社が本件商品の部品や金型を製造するなど本件商品の開発，改良等の作業を進め，一部の商品を納入していた事実を認定し，Y社の責任を認めています。その上で，「X社が，Y社との間で開発契約又はこれと同様の本件商品の継続的な製造，販売にかかる契約が締結されることについて強い期待を抱いたことには相当の理由があるというべきであり，X社は，Y社の上記各行為を信頼して，相応の費用を投じて上記のような開発，製造をしたというべきである。」という旨の判示をしました。

（2）紛争を避けるために

本件のような紛争を避けるためには，両者が本格的な開発業務に着手する前に，共同開発の基本的条件について協議し，基本合意書や覚書という形で書面の合意をしておくべきです。特に大企業の場合，現場の担当者同士は合意して開発を進めていたにもかかわらず，一方当事者の社内決裁が下りないため契約が締結されず，トラブルになることがあり得ます。

X社としては，多大な費用をかけて本件商品の開発に着手する以上，法的拘束力のある契約を締結すべきでした。本件は，X社が上告審で勝訴することができましたが，損害賠償が認められるかどうか際どい事案でした。

逆に，Y社の立場からは，共同開発契約の締結を期待させるような行

為をする以上，一方的に交渉を打ち切ると損害賠償責任を負うリスクが
あることを意識し，発注のタイミングや交渉の内容について注意すべき
でした。

第2章 販売提携に関する事例

1. メーカーに顧客を取られた事例〈事例⑥〉

〈経　緯〉

　ドイツの環境機器メーカーX社は，日本の販売会社Y社との間で環境機器（以下「本商品」という。）の独占的販売店契約（日本法準拠）を締結し，Y社は，日本の大学や研究機関に本商品を販売していました。Y社は，大学等との顧客との人的ネットワークを作り，充実したサポートを提供し，本商品の売上げを伸ばしました。X社はその5年後，日本国内での直接販売を行うこととし，Y社に対し，顧客リストの提供を求めてきました。Y社は，X社が日本国内で直接販売するのは契約違反であると主張し，顧客リストの提供も拒否しました。

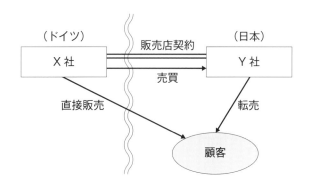

〈結　果〉

　Y社が契約書を確認したところ，報告義務を定める条項の中に，顧客情報も含まれていました。X社が直接販売することができるかどうかは争う余地がありましたが，話合いにより，協力して顧客に販売し，利益を一定割合でシェアすることにしました。

〈検　討〉
（1）独占的販売店と報告義務

　X社が，独占的販売店を指名したときに，X社は，第三者を販売店に指名することはできませんが，X社が，自ら日本国内で直接販売できるかどうかについては，契約上明記されていない場合は，いずれの解釈もあり得ます。契約の準拠法が日本法の場合，通常，独占的販売店という場合は，X社が直接日本国内で販売することまで禁じる趣旨ではないと考えられます。準拠法がドイツ法だった場合は，現地の弁護士に確認すべきです。この点を明確にするのであれば，契約に以下のような規定を入れるべきです。

---

(1) X社は，日本における本商品の独占的な販売店としてY社を指定し，Y社はこれを受託する。
(2) X社は，Y社の事前承諾なく自ら本商品を日本においてY社以外に販売してはならない。

　また，本件では，Y社による報告義務が以下のように規定されていました。

Y社は，3か月毎に，次の事項についてX社に報告する。
①本商品の販売数・販売先
②Y社による販売活動
③本商品に関するクレーム，欠陥の内容
④その他本契約又は本商品に関する重要事項

　このような報告義務は，契約交渉の中では軽視されがちですが，販売店契約においてはしばしば重要な意味を持ちます。X社としては，Y社によって市場がある程度開拓されれば，直接その顧客に販売した方が利益が上がると考えがちです。いわゆる「中抜き」ということです。上記事項では，Y社は「販売先」をX社に報告する義務があるため，中抜

きをされるリスクが高くなります。

　Y社としてはそのような事態を避けるために，独占権や報告義務の規定の仕方に注意すべきです。本件では，顧客の継続的な購入やサポートの要請に応えるべく，Y社は，報告義務違反を理由にX社から契約を解除され，紛争状態に入ることは避けたいという事情がありました。そのため，Y社は，X社とは当面双方にメリットがあるように話合いで解決し，顧客との関係を維持することを選びました。その上で，X社に代わる環境機器メーカーを探し，見つかり次第X社との契約を解消することも検討することにしました。

(2) 販売価格と個人情報の報告

　顧客に関する情報の中でも，特に顧客別販売価格の報告を求めることの是非は，慎重に検討すべきです。なぜなら，メーカーが販売店による商品の再販売価格の拘束をすることは，独占禁止法上，原則違法とされています（独占禁止法2条9項4号）。そのため，X社としては，Y社の顧客別販売価格を知ったとしても，当該価格につきY社に指示等をすることはできないからです。むしろ，違法と疑われるリスクを回避するために，顧客別販売価格の報告を求めないことも考えられます。

　また，Y社が集めた顧客に関する情報のうち個人情報保護法2条6項に定義される個人データに該当するものは，本人の同意を得なければX社に提供できないのが原則（同法23条1項）であり，Y社に顧客からの適法な同意を取得させるか，個人データをY社とX社が共同利用する要件（同条5項3号）を充足する等して当該個人データを利用できる手立てを別途考える必要があります。また，個人データの第三者提供に該当する場合には，Y社が個人データの提供者として，X社が個人データの受領者として，それぞれ個人情報保護法に基づく対応が求められます（同法25条，26条）。このように個人データの扱いは個人情報保護法によって厳しく規制されており，安易に個人データの提供を求めることは控えることが望ましいでしょう。

2. 大量注文による商品詐取の事例〈事例⑦〉

〈経　緯〉

　日本の生活用品メーカーX社は，インドネシアの販売会社Y社との間で販売店契約（日本法準拠）を結び，インドネシア国内で商品を販売することにしました。Y社による商品の購入代金の支払は，毎月末日締め，翌月末日払とされ，商品の所有権の移転時期については，代金完済時とされています。

　Y社は順調に注文数量を増やし，その代金も期日どおりに支払っていたため，X社はY社への信用を高めていきました。半年ほどその状況が続いた後，Y社からこれまでとは1桁違う大量の注文がありました。X社が理由を確認したところ，大口の販売先が見つかったとのことだったので，X社はその大量の注文数を出荷しました。

　ところが，支払期日になっても代金は支払われず，Y社の担当者とは連絡が取れなくなりました。X社が調査したところ，Y社は多額の借入れをして財務内容が悪化しており，X社の商品を大量に仕入れて現金化するために注文し，代金を支払うつもりがなかったことが判明しました。X社は，Y社から商品代金の回収を試みました。

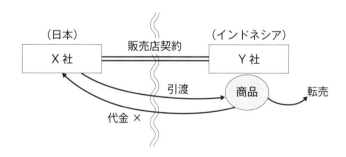

〈結　果〉

　Y社はその事業を事実上別会社に譲渡しており，Y社の倉庫に残っていた一部の商品以外にはめぼしい資産がありませんでした。倉庫の商品を引き揚げただけで，法的手段による回収は諦めざるを得ませんでした。

〈検　討〉

（1）海外からの債権回収

　本件は，海外企業との販売提携において起こり得る債権回収リスクが問題になったケースです。本件のように意図的に少量の注文を繰り返して信頼を得た上で，大量注文を行って商品を現金化し，代金の支払を行わないというケースが散見されます。このようなケースで，海外にあるY社の資産から債権回収を行うのは困難を極めます。

　Y社の資産に対し，強制執行するためには，担保権を設定していなければ，判決か仲裁判断を取得する必要があります。しかし，裁判も仲裁も国をまたいで行うためには，多くの時間と費用がかかり，本件のように資産を別会社に移されてしまうと，日本の民法における詐害行為取消権の行使と同様の手段を取ることになり，その追求はさらに困難になります。

　また，日本国内の裁判所の判決は，両国間に相互保証がないので，インドネシア国内では強制執行できません。そのため，日本国内で判決を取っても，Y社が日本に資産を有しない限り，判決は紙切れのようなもので，インドネシア国内の資産からの回収に関しては無意味です。インドネシア国内で強制執行することを考えると，紛争解決は国際仲裁（仲裁地は東京又はシンガポール）にすべきです（詳細は〈事例㊼〉参照）。

（2）商品の引揚げ

　このような状況において，X社は，Y社の倉庫に残っていた商品を引き揚げて，他に転売することによりわずかながら回収することができました。これは，契約上商品の所有権が代金完済時までX社に残っていたからできたことです。ただし，占有はY社に残っており，このような引揚げは現地法上建造物侵入や窃盗など刑事事件になるリスクが高い行為です。本件では，倉庫の管理人から承諾を取っており，Y社もクレームする立場にはなかったため，事なきを得ました。

　このような事態を避けるためには，大量注文の際に，前渡金や担保を要求することが考えられます。また，以下のような条項を規定して，Y

社がどのような販売促進活動をし，どの程度の顧客に商品を販売できた
かを適時に把握できるようにすべきです。

> Y社は，毎月●日までに，別紙に定める様式に従って商品の販売状況に
> ついてX社に報告するものとする。

　さらに，X社としては，Y社とのコミュニケーションを密にし，財務
内容の悪化や不自然な注文がないかについて，日頃からモニタリングし
ておくことが重要となります。

3. 代理店手数料の支払に関する紛争〈事例⑧〉

〈経　緯〉
　中小家電メーカーX社は，小売店Y社と代理店契約を締結し，Y社
に以下のとおり手数料を支払うことにしました。

> 1. X社は，Y社の仲介により顧客との間で本商品の売買契約を締結し代
>   金を受領したときは，Y社に対し，売買契約を締結した本商品の代金
>   の●％を代理店手数料として支払う。
> 2. Y社は，顧客との売買契約締結後直ちに当該売買契約書をX社に送付
>   する。
> 3. Y社は，X社に対し，前項の売買契約書に記載された代金を毎月末日
>   締めにて集計し，翌月●日までに代理店手数料の請求書をX社に送
>   付する。
> 4. X社は，前項の請求書受領後●営業日以内にY社の指定する銀行口座
>   に振り込んで支払う。

　Y社は，販売促進活動を積極的に行い，多数の売買契約を顧客から獲
得しました。ところが，X社は，そのうちの一部について顧客から代金
の支払がないので，その分についての手数料を支払えないと言ってきま

した。Y 社は，代金の回収リスクは X 社が負うべきだとして，売買契約が成立した分全てについて手数料の支払を求めました。

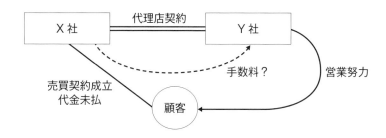

〈結　果〉

　X 社と Y 社が交渉した結果，X 社は資金繰りが厳しいため，手数料の支払を滞らせていたことがわかりました。今後は，Y 社が顧客から代金を回収し，手数料を控除して X 社に残額を支払うことにしました。

〈検　討〉

（1）手数料の決め方

　代理店契約の場合は，顧客との売買契約はメーカーとの間に成立し，代理店はそれを仲介又は代理することにより，手数料を受領します。手数料は，基準価格に一定の料率をかけて計算するケースが一般的です。

　手数料の計算基準になる価格は，本件のように販売価格にする場合と，メーカーの純利益にする場合があります。純利益は，メーカーが控除する費用項目やその数値の正確性をチェックする必要があるため，代理店にとっては大きなリスクがあります。料率もマーケット事情等により適宜見直せる規定を入れておくとよいでしょう。

（2）手数料の支払条件

　本件では，X 社が顧客から代金回収ができなかった売買契約について，手数料の計算から除外したことが問題になりました。代理店契約の文言からは，顧客からの代金回収の有無に関係なく X 社は手数料を支払う義務がありますが，X 社は資金繰りが厳しかったため，このような手段

に出ました。中小のメーカーがよく使う口実なので，代理店は注意すべきです。

　Y社としては，X社の財務状態が心配であり，債権回収は自社も得意なので，今後は自ら顧客から代金回収を行い，そこから手数料を控除した残額をX社に支払うことを提案しました。X社としても，顧客からの債権回収の手間とコストがなくなり，Y社の営業力を高く評価していたことから，その提案に同意しました。

　その結果，代理店契約の上記の条項の2項から4項は，以下のとおり変更されることになりました。Y社は，顧客から債権回収を行いますが，あくまでX社の代わりに行うものであり，回収できなかったときの責任は負わない旨も明記することにしました。

2.　Y社は，Y社の仲介により売買契約を締結し，顧客から受領した本商品の代金を毎月末日締めにて集計し，翌月末日限り，前項の代理店手数料を控除してX社の指定する銀行口座に振り込んで支払う。なお，振込手数料はX社の負担とする。

3.　前2項は，Y社が本商品の代金回収について責任を負うことを意味しない。

4.　最低購入数量が達成されなかった事例〈事例⑨〉

〈経　緯〉

　X社はY社に対し，X社製のヘルスケア商品の日本国内における独占的販売権を付与する独占的販売店契約を締結しました。同契約には，最低購入数量について以下の条項が規定されていました。

Y社は，各事業年度において，以下に規定される最低購入数以上の本商品を購入し，その対価をX社に支払う。なお，ある事業年度における最低購入数量を満たしたかどうかは，その事業年度末日時点までにY社がX社に対して対価を支払った本商品の数量により判断されるものとする。

（事業年度）	（個数）
1	●
2	●
3	●

　Y社は，多額の宣伝広告費をかけ，日本国内で小売店のネットワークを構築しましたが，初年度の最低購入数量を達成できませんでした。X社は，契約違反を理由に契約解除を主張しました。しかし，Y社とX社の担当者とは，最低購入数量はあくまで目標であり，契約上の義務ではないという認識でした。Y社は，契約違反の効果が明確に規定されていない以上，X社は契約違反を理由に解除することはできない，来期はこれまでの営業効果が現れるので，購入数量は急増すると主張しました。

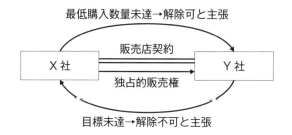

〈結　果〉

　X社としては，契約上，違反の効果があいまいなことと，他にY社以上の販売力を有する販売店がすぐに見つからないことから，第2年度の最低購入数量について変更する契約を結び，もう1年間様子を見るこ

とにしました。

〈検　討〉

（1）最低購入数量違反の効果

　X社の立場からは，独占的販売権を付与する契約である以上，対象地域においてはY社しか販売店として選定できないことになります。そのため，Y社に販売してもらわない限りは，X社はその地域から利益を得られないことから，最低限でもこの程度は購入してほしいと考え，最低購入数量を義務付けることが一般的です。

　本件では，その数量の達成が法的な義務なのか，努力目標なのかが争われました。このような紛争が生じないように，法的拘束力の有無を契約上明記し，法的義務にするのであればその違反の効果も明記すべきです。緩やかな法的効果としては，主に以下のようなものが考えられます。

　①最低購入義務を努力義務とする。

　②最低購入数量をターゲットとして規定する。

　厳しい法的効果としては，最低購入義務を定めた上で，以下のような規定の仕方があります。

　①当該義務違反の場合は独占的販売権を非独占的販売権に変更する権利をX社に与える。

　②当該義務違反の場合は販売地域の一部を販売店契約の対象から除外する権利をX社に与える。

　③当該義務違反の場合は実際の購入数量と最低購入数量の差に相当する数量の代金相当額を損害賠償として支払うものとする。

　④上記差額の支払に加えて，違約金（ペナルティ）を規定する。

　⑤2回連続で（又は合計で2回）最低購入数量を未達成の場合に初めて契約を解除できることとする。

　⑥1回でも最低購入数量を未達成の場合は解除できることとする。

（2）解除権の行使

　販売店契約は継続的な信頼関係に基づくものであり，第1編第2章第

3の2（9）記載のとおり解除権の行使に制限があります。そのため，契約違反の効果が明記されていないと，X社が解除できるかどうか疑義が生じます。改正民法においては，軽微な契約違反では解除できないとされました（民法541条但書）ので，違反の効果を明記する必要性はさらに高くなりました。

　本件のように，X社が，Y社に代わる代理店を見つけるか自ら販売することができなければ，これまでの販促活動が無駄になるので，実際に解除することは難しくなります。しかし，違反の効果を明確に規定することによって，X社の立場は強くなり，自社に有利な解決が可能になるのです。

　なお，独占的販売店契約に最低購入義務を設けることは，原則として独占禁止法上問題となりません（流通・取引慣行ガイドライン第3部第1.2〔1〕）。

5. 再販売価格の拘束をめぐる紛争〈事例⑩〉

〈経　緯〉

　電機メーカーであるX社は，量販店を経営するY社との間で電化製品の非独占的販売店契約を結んでいました。X社は，Y社に対し，希望小売価格を提示し，割引販売を行わないルールを設定していました。Y社は，景気の低迷により財務内容が悪化し，大量の在庫を抱えていました。Y社としてはこのままでは大きな損害を被るので，在庫を半額で売りさばくことにしました。

　X社は，値引き販売されると，本商品の値崩れやブランド価値の毀損のおそれがあるので，値引きをやめるようにY社に要求しました。しかし，Y社はこれに応じなかったため，X社は直ちに契約を解除し，商品の販売を禁止する旨をY社に通知しました。

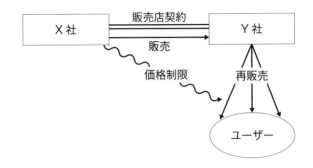

〈結　果〉

　X社がY社の販売価格を拘束することは独占禁止法違反となり，X社としては，公正取引委員会で問題にされることを避けたかったので，話合いで解決することにしました。X社は，Y社の在庫の一部をY社がX社から購入した価格で買い取ることにしました。

〈検　討〉
（1）再販売価格の拘束について

　X社がY社による消費者への販売価格を拘束することは，独占禁止法上認められません。再販売価格の拘束，すなわち自己の供給する商品を購入する相手方に，正当な理由がないのに，相手方の販売する当該商品の販売価格を定めてこれを維持させることその他相手方の当該商品の販売価格の自由な決定を拘束することは，正当な理由のない限り，不公正な取引方法として禁止されています（独占禁止法19条，2条9項4号）。

　再販売価格を拘束しているかどうかは，事業者の何らかの人為的手段によって，流通業者が当該事業者の示した価格で販売することについての実効性が確保されていると認められるかどうかで判断されます（流通・取引慣行ガイドライン第1部第1.2 (3)）。例えば，事業者と流通業者との間の合意によって当該事業者の示した価格で販売するようにさせている場合だけではなく，事業者の示した価格で販売しない場合に経済上の不利益を課し，又は課すことを示唆する等，何らかの人為的手段を用い

ることによって，当該価格で販売するようにさせている場合，「流通業者が当該事業者の示した価格で販売することについての実効性が確保されている」といえます。具体的には以下のような手段がこれにあたります。

①事業者の示した販売価格で販売しない場合に出荷停止等の経済上の不利益を課す

②事業者の示した販売価格で販売する場合にリベート等の経済上の利益を供与する

③事業者の示した価格で販売させるために販売価格の報告徴収，店頭でのパトロール等を行う

(2) 本件へのあてはめ

本件では，X社がY社に対し，割引販売を行わないルールを設定していたので，再販売価格の拘束として違法になるおそれが大きいケースでした。契約上の規定はありませんでしたが，現場のルールとして事実上Y社を拘束していたため，X社としては，Y社によって公正取引委員会に通報されて問題が表面化し，X社の企業イメージが悪化するのは避けたい状況でした。そのため，両者間で在庫の買取りについて話合いにより解決できました。

なお，契約終了時に，Y社が一定数の在庫を抱えてしまうことはやむを得ず，両者にとってその処理を適切に行うことがメリットにつながります。そのため，以下のような点を取り決めておくべきです。

・販売店はいつまで在庫品を販売可能か

・販売店はいつまで商標，ロゴを使用できるか

・残った在庫は買い取るか，廃棄させるか

上記の点をカバーする契約書の条項例は以下のとおりです。

(1) Y 社は，X 社に対し，本契約終了後 10 日以内に X 社に対して通知し，本契約の終了時に Y 社が所有する本商品（ただし，第三者に売却されていないものに限る。以下「在庫」という。）の全部又は一部につき，Y 社が購入した価格での買戻しを請求することができる。

(2) Y 社は，本契約終了後 10 日以内に X 社に対して前項に基づく買戻しを請求しない場合，本契約終了後 3 か月間に限り，在庫を販売することができる。この場合，Y 社は，在庫を販売するために，本契約終了後 3 か月間に限り，本商標を使用できるものとする。

6. 製造物責任をめぐる紛争〈事例⑪〉

〈経　緯〉

　X 社は，Y 社との間で非独占的販売店契約を結んで，電化製品を販売しています。当該製品の発売当初から，消費者からのクレームがありましたが，X 社は，よく調べないまま軽微な問題であるとして Y 社に報告していませんでした。ところが，発売から 1 年後に，X 社が販売した製品を使った A が手に怪我をしたとして，X 社にその治療代等の損害賠償を請求してきました。

　X 社は，契約に以下の規定があったにもかかわらず，Y 社に相談することなく，現場の判断で一定の示談金を支払って解決しました。

〈条項●〉

本商品の欠陥（製造物責任法 2 条 2 項に定義されるところによる。）により第三者の生命，身体又は財産が侵害された場合，かかる侵害によって生じた損害について X 社は責任を負わず，Y 社が一切の責任を負うものとする。かかる損害につき X 社に対して請求がなされた場合，Y 社は，当該請求に関して X 社に発生した一切の損失，損害及び費用につき，X 社に対して補償するものとする。

　しかし，その後もクレームが続出したため，Ｘ社はＹ社に経緯を報告し補償を求めました。Ｙ社は，Ｘ社がクレームの発生当初から報告していれば損害を回避できたとして，補償を拒否しました。

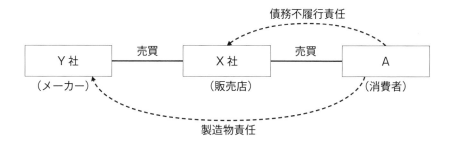

〈結　果〉

　契約上は，製造物責任についてＹ社が一切の責任を負うものとされていますが，Ｘ社がＹ社に早期にクレームを報告していれば避けられた損害もありました。Ｘ社としても，今後も販売店を続ける方がメリットが大きいと判断し，本製品のリコール費用も含めて，Ｙ社との間で費用分担を協議することにしました。

〈検　討〉

(1) 販売店と製造物責任

　製造物の欠陥には，設計上の欠陥，製造上の欠陥及び指示・警告上の欠陥の３種類があります。販売店契約においては，通常メーカーがいずれの欠陥についてもその原因を生じさせているので，メーカーが責任を負うのが一般的です。本件も，上記条項によりＹ社が責任を負うものとされていました。しかし，消費者が直接契約関係（売買契約）にあるのは，販売店であるＸ社です。クレームの矢面に立つのもＸ社であり，Ｙ社はＸ社から適時に報告を受けなければ，適切な対応が取れない可能性が高くなります。

　もっとも，販売店に責任が認められたケースもあります。販売店が販

売した電気ストーブを使用したことにより化学物質に対する過敏症状を発症した被害者が販売店を訴えたケースにおいて，裁判所は，商品を自ら製造していない販売店であっても，顧客から商品についてのクレームが相当数なされた後は，当該クレーム情報を速やかに顧客に提供し，安全性が確認されるまで当該商品の販売を中止する等の措置をとる義務があったとして，当該義務違反（過失）につき販売店に不法行為に基づく損害賠償義務を認めました（東京高裁平成 18 年 8 月 31 日判決・判時 1959 号 3 頁）。なお，同じ事件で，電気ストーブをメーカーから輸入した会社に対しては，製造物責任法 3 条の「輸入者」としての責任が認められています（東京地裁平成 20 年 8 月 29 日判決・判タ 1313 号 256 頁）。

　このように判決において販売店の過失が認められた場合，販売店が損害賠償額をメーカーに求償できないことがあります。そこで，販売店としても，仮に顧客からのクレームが商品の欠陥に起因するとしても，当該クレームに適切に対処しなければ責任を問われることに注意が必要です。

(2)　本件における損害の負担について

　本件のような紛争を想定すると，製造物責任については，X 社，Y 社のいずれが消費者から請求を受けるにしろ，両者トータルでの負担を減らすことが肝要です。本件では，X 社が欠陥を深刻に受け止めず，Y 社に報告しなかったために損害を拡大してしまいました。製造物責任については，損害額が莫大になることがあり得るため，生産物賠償責任保険により対処することが実務上よく見られます。生産物賠償責任保険にいずれの当事者が加入するか及び保険料をいずれの当事者が負担するかは，商品の販売態様（いずれの当事者が製造者と表示されるか等）や両当事者の力関係により種々のケースがあり得ます。

　クレーム対応と保険の加入については，契約書に以下のような条項を入れることもあります。

(1) Y社は，本商品の欠陥（製造物責任法2条2項に定義されるところによる。以下同じ）による第三者の生命，身体又は財産への侵害によって生じた損害につき第三者からX社又はY社に対して請求がなされる場合に備えて，自己の負担で生産物賠償責任保険に加入するものとする。当該保険の付保の範囲及び保険金額については，両当事者協議の上決定するものとする。

(2) 各当事者は，第三者から本商品に関してクレーム，請求等を受けた場合，その旨及びクレーム，請求等の内容を遅滞なく相手方に通知するものとする。この場合，両当事者は，当該クレーム，請求等への対処方法につき，協議の上決定するものとする。

(3) 各当事者は，前項に規定する第三者からのクレーム，請求等のうち第1項に規定する保険で塡補されなかった部分が自らの責に帰すべき事由に基づく場合（本商品の欠陥に起因する場合は，Y社の責に帰すべき事由に基づく場合に含める。）には，当該クレーム，請求等への対応に関連して相手方に生じた一切の費用及び損失を相手方に対して補償するものとする。

7. 品質保証をめぐる紛争〈事例⑫〉

〈経　緯〉

　化粧品メーカーであるX社は，ドラッグストアを経営するY社との間で非独占的販売店契約を結びヘルスケア商品（以下「本商品」といいます。）を販売していました。Y社が，消費者に再販売していたところ，本商品を使った消費者から，かぶれるなどのクレームが続出しました。Y社は本商品の販売を停止しました。同契約には，契約不適合責任について以下の条項が規定されています。

> 第●条に規定された検査後に，本商品が契約の内容に適合しないこと（以下「契約不適合」という。）が発見された場合，納品後6か月以内に買主が契約不適合を発見し，契約不適合の内容を明示した書面により売主に通知したときは，売主は買主の請求に応じて代品の納品，本商品の修補又は代金の減額（何らの催告を要しないものとする。）を行うものとする。なお，この場合，買主は売主に対し，損害賠償請求をすることができる。

　X社は，本製品について契約不適合はないと主張したため，Y社は上記条項の代金減額請求権を行使し，支払を拒否しました。

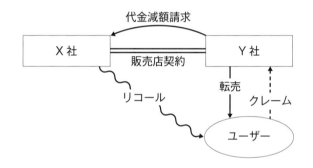

〈結　果〉
　Y社による代金減額請求を機にX社が商品を再調査したところ，問題のある成分が見つかったため，X社は商品のリコールを決定しました。

〈検　討〉
（1）契約不適合責任の追及
　改正民法では，「瑕疵」の用語が改められ，引き渡された目的物が「種類，品質又は数量に関して契約の内容に適合しない」，すなわち「契約不適合」の概念に置き換えられています（改正民法562条）。そして，改正民法は，物の契約不適合の場合の買主の救済手段として，履行追完

請求（目的物の修補，代替物引渡請求，不足分引渡請求）と代金減額請求とを
認め，これに加えて債務不履行に基づく損害賠償請求及び解除が可能で
あることが規定されています（改正民法 564 条）。

　また，買主の無過失（改正前民法 570 条の「隠れた」の要件）は不要とされ，
かつ，売主の過失がなくとも，履行追完請求や代金減額請求を行使する
ことは可能とされます。加えて，目的物の種類又は品質に関して契約不
適合がある場合の履行追完請求や代金減額請求，損害賠償請求，解除に
ついて，期間制限内（買主が目的物の契約不適合を知った時から 1 年以内）に権
利行使を行う必要まではなくなり，原則，当該期間制限内に契約不適合
の事実を売主に通知すれば十分ということになりました（改正民法 566 条）。

(2)　リコールの実施

　代金減額請求権については，契約不適合を理由にどれだけ減額するか
が問題になります。本件では，Y 社が代金の支払を全額拒否したため，
X 社としても真剣に対応を検討することになりました。

　その結果，X 社は本商品の成分を再調査し，健康上問題のある成分が
含まれていることが判明しました。X 社と Y 社は協議の上，X 社が本商
品についてリコールをすることに決めました。

　近年，消費者向け商品について，商品の安全性にかかわる品質上の問
題が発生した場合，リコールを行う事例が増えています。リコールは，
法令に基づく命令・指示によるものと，製造者や販売者の自主的判断に
よるものに大別されます。化粧品については，「医薬品，医療機器等の
品質，有効性及び安全性の確保等に関する法律」にリコール制度が定め
られており，厚生労働省が所管しています。リコールをする場合は，商
品を無償で回収し，無償修理，交換，返金等の措置を取ります。

　リコールを行うべき場合は，商品につき X 社に品質に関する契約違
反があった場合に限られません。また，リコールには莫大な費用を要す
るので，かかる費用をいずれかの当事者のみに負担させることは合理的
ではありません。そこで，リコール対応について次のような規定を設け
ることが考えられます。

(1) X社及びY社は，本商品に関して品質上の問題が発見された場合，直ちにその旨を相手方に通知するものとする。この場合，両当事者は，本商品のリコール等の対策の必要性につき協議の上決定するものとする。

(2) 前項の協議に基づきリコール等の対策の実施を決定した場合，両当事者は，当該対策の実施方法及びその費用負担につき協議の上決定するものとする。

8. 競合品の取扱いに関する紛争〈事例⑬〉

〈経　緯〉

　アメリカのスポーツ用品メーカーであるX社は，日本のスポーツ用品の製造・販売会社であるY社をスポーツ用品（以下「本商品」といいます。）の独占的販売店に指名し，契約期間中は，本商品と競合する商品の取扱いを禁止する以下の条項に合意しました（日本法準拠）。

Y社は，本契約の有効期間中，日本国内で，本商品と類似又は競合するいかなる商品も製造，販売，販売促進又はその注文の収集若しくは受諾を行ってはならない。

　Y社は，その株式の20％を保有する関連会社A社を通じて，本商品と一見すると類似する商品Zの販売を始めました。X社は，上記条項に違反するとして，Y社に本商品の販売を中止するよう求めました。Y社は，Zは本商品とはターゲットとしているユーザーが異なっており，上記条項の禁止の対象ではないことと，A社は契約当事者ではなく，Y社の支配下にはないため，Y社が中止させることはできないと主張して争いになりました。

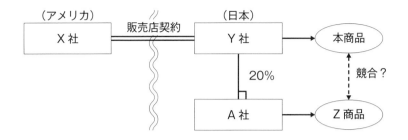

〈結　果〉

　X社としては，Y社がA社に対し事実上支配を及ぼしていると考えましたが，本商品とZ商品との競合関係は立証が難しいことが判明しました。X社は，Y社の販売網が魅力的であるため，Z商品の取扱いは容認せざるを得ないという結論になりました。

〈検　討〉

（1）　競合品の取扱禁止の適法性

　メーカーが，独占的販売権の存続期間中において，販売店による競合品の取扱いを禁止することは，ビジネス上の合理性があり，独占禁止法上も原則として問題ありません。なぜなら，X社は当該期間中はY社を通じてしか本商品を販売できない以上，Y社に対して本商品の販売への専念を望むのは当然ですし，また，Y社としても競合品の販売の結果，本商品の販売が伸び悩むことは決してプラスではないからです。以下，流通・取引慣行ガイドラインに基づいて解説します。

　市場における有力な事業者（当該市場におけるシェアが20％を超えることが一応の目安となります。）が競合品の取引制限を行いこれによって市場閉鎖効果が生じる場合には，その他の取引拒絶（一般指定2項），排他条件付取引（同11項）又は拘束条件付取引（同12項）として独占禁止法に違反するリスクがあります。

　したがって，仮に，本商品及びその競合品を合わせた市場においてX

社のシェアが20％を超えており，かつ，Y社が競合品を取り扱わないことによりX社以外の事業者にとり流通ルートの確保が困難になる等の事情があれば，競合品の取扱い禁止は独占禁止法に違反するおそれがあります。

　一方で，メーカーが契約終了後において独占的販売店の競争品の取扱いを制限することは，独占的販売店の事業活動を拘束して市場への参入を妨げることとなるものであり，原則として独占禁止法上問題となります。

　なお，実務上，契約終了後の競合品の取扱禁止が一切認められないわけではありません。秘密情報の流用を防止する必要性等の正当な理由があり，必要な範囲の期間的限定があれば独占禁止法に抵触しないと考えられており，契約終了後2年程度が目安となろうとされています。（佐久間正哉編著『流通・取引慣行ガイドライン』（商事法務，2018）239頁）。

（2）競合禁止条項の内容

　本件では，X社としては，競合禁止条項をもっと厳しく規定しておくべきでした。A社による販売が禁止の対象となるように，「Y社は，自ら又はその子会社・関連会社をして」又は，「Y社は，直接又は間接を問わず」という文言を入れるべきでした。

　また，「類似又は競合」の対象について契約上明記するか，当事者間で競合品となり得る商品のタイプについて確認をしておくこともあり得ました。一般に競合にあたるかどうかは，マーケット（顧客層）が重なるかどうかが1つの基準になりますが，潜在的顧客まで考慮するとその解釈はあいまいです。既にY社が販売している商品のうち，競合になりそうな商品があれば，契約交渉の段階で対象になるかどうか確認しておくべきです。また，他社の商品を例にとって検討し，競合かどうかについて共通の理解を得ておくことも，将来の紛争を避けるために有益といえます。

　なお，契約期間中に，販売店が契約締結前から取り扱っている同種製品の販売を禁止することは，独占禁止法上違法となる可能性があります。Y社としては，そのような商品がある場合は，紛争を避けるために，契

約締結後も引き続き取り扱える旨を明記しておくべきです。

9. 契約終了時の損失補填をめぐる紛争〈事例⑭〉

〈経　緯〉

　イタリアの衣料品メーカーである X 社は，日本の衣料品輸入会社である Y 社との間で独占的販売店契約（日本法準拠）を締結し，10 年間取引を継続していました。契約期間については以下の規定があり，自動更新を 5 回繰り返しました。なお，Y 社は，X 社の製品以外の衣料品も輸入販売しています。

第●条　（有効期限）

1. 本契約は，本契約の締結日より 5 年間効力を有する。
2. 本契約の契約期間満了の 3 か月前までに相手方から書面による特段の申出がない場合は，本契約はさらに 1 年間延長されるものとし，以後も同様とする。

　ところが，ここ数年 Y 社による販売実績が下降気味であり，X 社は別の販売店（Z 社）に切り替えることにしました。X 社は，上記規定に従って，Y 社に更新拒絶通知を送ったところ，Y 社はこれまで多大な販売促進費用をかけて市場を開拓してきたものであり，更新拒絶は認められないと主張して契約の継続を求めてきました。両者の話合いはまとまらず，X 社が Y 社に対する商品の販売を停止したため，Y 社は X 社に対し，損害賠償請求することにしました。

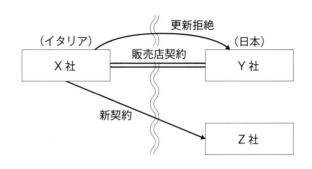

〈結　果〉

　交渉の結果，X社はY社に対し，Y社が本商品を販売して半年間に得られたであろう利益相当額を損害賠償として支払うことになりました。

〈検　討〉

(1)　継続的契約の解消

　販売店契約において契約期間や契約終了事項が定められた場合，いずれの当事者も当該規定に従い契約を終了できるのが原則です。しかし，販売店契約が自動更新され長期間継続した場合，メーカーは，継続的契約として，契約期間や契約終了事由に従ったとしても，やむを得ない事由や信頼関係の破壊がなければ契約を終了できないのではないかという議論があります〈事例⑨参照〉。

　この点について，判例の判断の枠組みは必ずしも確立されていないものの，メーカーが販売店契約を契約条項どおりに終了できるか否かは，これまでの契約存続期間，販売店がいわゆる弱者にあたるか（販売店が零細か，販売店の当該メーカーへの依存度等），販売店の顧客獲得への貢献度，販売店の投下資本等の要素に左右されるといえます（例えば，大阪地裁平成17年9月16日判決・裁判所ウェブサイト，福岡高裁平成19年6月19日判決・裁判所ウェブサイトなど）。

(2) 本件における契約解消

　Y社は，X社の商品以外にも多くの商品を取り扱っているので，契約条項に基づくX社の契約終了申入れが制限される可能性は低いと思われます。もっとも，X社としては，より円滑に契約を終了させるためには，Y社に対して契約終了の予告を約定よりも早めに行う等の対応策を講じるべきでした。

　ただし，継続的契約の解消に際しては，販売店から顧客に対する販売権益や投下資本の補償が主張されることがあり，かかる主張を認めた裁判例もあります（例えば，東京地裁平成22年7月30日判決・判時2118号45頁など）。

　本件においては，Y社は5回も自動更新が繰り返されたことにより，長期に継続することの期待があり，X社には契約を解消するやむを得ない事情はありませんでした。他方，Y社にとって，本商品の売上げが全体の売上げに占める割合はそれほど大きくなく，多額の設備投資等をしたわけでもありません。そのため，裁判を提起しても，長くても1年分の得べかりし利益の賠償が認められる程度であることが予想されました。

　X社としても，Y社と紛争になることによる日本国内におけるレピュテーションリスクや他の取引先に与える影響を考えると，半年分の利益相当額を支払うことで解決できれば許容範囲でした。時間と費用を考慮して，両者とも話合いで解決することを希望し，X社がY社に半年分の利益相当額を支払うことで合意することになりました。

　X社による提携解消が認められやすくするためには，契約上で解消事由を明確にする，契約期間を短くし自動更新を規定しない，相当な解約予告期間を設けるなどの手当てをすることを検討すべきです。また，X社がこのような支払をしないで済むようにするためには，販売店契約に以下のような条項を入れることが考えられます。ただし，その有効性が認められるかはケースバイケースであり，むしろ合理的な損失補償を定めておく方がトラブルにならないという面もあります。

　　両当事者は，Y社が本契約に基づき受ける利益は本商品の再販売から得られる利益のみであり，X社からY社に対する顧客に対する販売権益の補償，投下資本の補償その他の補償は一切行われないことを確認する。

10. 並行輸入をめぐる紛争〈事例⑮〉

〈経　緯〉

　日本の機器販売会社であるX社は，デンマークの分析機器メーカーの日本子会社であるY社との間で販売店契約を締結し，分析機器の試薬を販売していました。X社は，ユーザーからのリクエストに応じて，並行輸入業者から仕入れた真正品についても販売することにしました。

　ところが，それを知ったY社は，安価な並行輸入試薬の販売を放置すると自社の利益が損なわれることを心配して，X社に対し，並行輸入試薬を扱わないよう要請しました。また，Y社は，X社がこれに応じない場合は，試薬の供給の停止と並行輸入試薬が用いられた分析装置の保守管理を中止するなどの対応をとることを通知してきました。X社としては，ユーザーのために並行輸入試薬の取扱いも継続したいため，弁護士と相談し，公正取引委員会に通報することにしました。

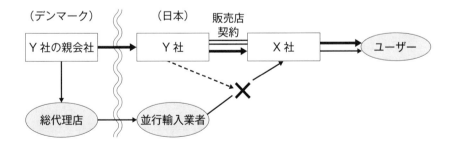

〈結　果〉

　Y社の行為は，公正取引委員会の審決により，不公正な取引方法の一

般指定 14 項（競争者に対する取引妨害）にあたり，独占禁止法 19 条に違反するとして，妨害行為をやめるよう勧告されました。

〈検　討〉

（1）並行輸入の問題点

本件は，実際に公正取引委員会で争われた事案をベースにしています（平成 5 年 9 月 28 日勧告審決，平成 5 年（勧）第 16 号）。並行輸入とは，上記の図のように，Y 社から X 社のルートとは別のルートで，第三者が同じ商品を輸入することをいいます。

本件の試薬は，国内での販売価格が海外での価格より高く，輸送費などを考慮しても，これを輸入販売することが X 社やユーザーの利益になるため行われました。並行輸入は，商品が偽物の場合は Y 社の特許権や商標権の侵害になりますが，真正商品の並行輸入自体は適法です（最高裁平成 9 年 7 月 1 日判決・民集 51 巻 6 号 2299 頁，最高裁平成 15 年 2 月 27 日判決・民集 57 巻 2 号 125 頁）。しかし，Y 社や Y 社の親会社の立場からは，並行輸入品が低価格で売られることにより，商品に値崩れが生じることを防止するための対処がなされます。

流通・取引慣行ガイドラインにおいて，「並行輸入は一般的に価格競争を促進する効果を有するものであり，したがって，価格を維持するためにこれを阻害する場合には独占禁止法上問題となる」と述べられています。「価格を維持するために行われる場合」と認められるかどうかは，行為者の主観的意図のみから判断されるのではなく，当該行為が行われた状況を総合的に考慮して判断されます。

（2）本件における違法性

本件においては，Y 社の行為は，販売業者に対する並行輸入品の取引制限にあたるとして違法とされました。上記ガイドラインにおいては，以下のように規定されています。

> 並行輸入品を取り扱うか否かは販売業者が自由に決定すべきものである。総代理店が並行輸入品を取り扱わないことを条件として販売業者と取引するなど，販売業者に対し並行輸入品を取り扱わないようにさせることは，それが契約対象商品の価格を維持するために行われる場合には，不公正な取引方法に該当し，違法となる（一般指定12項又は14項）。

　本件のように，取引制限は販売店契約上の義務として定められていなくても，試薬の供給禁止や分析装置の保守管理の中止という形で，経済上何らかの不利益を伴うことにより実効性が確保されていれば足ります。この他にも，Ｙ社が販売促進のための協力を拒否したり，リベートをカットすることなども取引制限にあたると考えられます。

第**3**章　技術提携に関する事例

第1　ライセンスに関する事例

1. 実施権の許諾に関する紛争〈事例⑯〉

〈経　緯〉

　スタートアップ企業のX社は，大手メーカーのY社に対し，精密機器の製造技術に関する特許権とノウハウ（以下「対象技術」といいます。）を独占的にライセンスしました。そのライセンス契約には，Y社が対象特許を第三者にサブライセンスする場合には，X社の事前の書面による承諾を必要とする旨の規定が含まれていました。

　Y社は自己の子会社であるA社に，X社の事前の書面による承諾なく，当該対象技術を使って精密機器を製造させました。この点について，X社とY社の担当者同士では契約交渉時に口頭で確認していました。しかしY社がA社にサブライセンスしたことを知ったX社は，Y社に対し，ライセンス契約違反を主張して契約解除を通知してきました。Y社は自分の子会社であるA社に下請けとして製造させたものであり，自ら実施するのと同じであると反論しました。

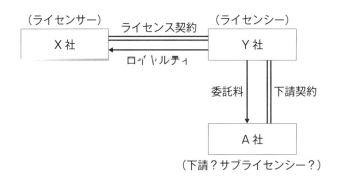

〈結　果〉

　Y 社による A 社の指揮監督は不十分であり，下請けであると主張するには無理がありました。交渉の結果，Y 社は契約解除は免れましたが，ロイヤルティ料率の引上げに同意せざるを得ませんでした。

〈検　討〉

（1）下請けとサブライセンスの違い

　本件では，サブライセンスについてはライセンサーの承諾が必要とされていましたが，下請けについては何ら規定がないため，A 社による製造が，そのいずれにあたるかが問題になりました。下請けといえる要件については，当事者の一方が相手方に特定の技術を提供し，相手方をして自己の一機関として当該技術を実施させることをいうとされています。この場合の下請受託者の実施は下請委託者の実施と同一視されます。法律的には，「一機関としての実施」とは，次の 3 要件を具備した実施を指すと解されています。（最高裁昭和 44 年 10 月 17 日判決・民集 23 巻 10 号 1777 頁参照）。

　　①　下請委託者は，受託者の製造した製品全部を引き取ること
　　②　下請委託者は，受託者による原材料，品質などにつき指揮監督をすること
　　③　下請委託者は，受託者に委託料を支払うこと

　したがって，上記要件を満たす限り，ライセンシーは他人に下請実施させる場合には，ライセンサーの承諾は必要ないことになります。ただし，当該開示技術が出願公開前や秘密性を要するノウハウ技術である場合には，秘密保持義務との関係で，ライセンサーの了解なしで当該技術を他人に下請させることができないものと解されます。

　本件は上記 3 要件のうち，②について満たしておらず，裁判で争っても下請けであるという主張は認められない可能性が高い案件でした。また，ライセンスの対象にはノウハウも含まれており，第三者への開示を禁止する秘密保持義務にも違反することになります。

(2) 契約における規定方法

　実務上は，①～③の要件によって，サブライセンス（再実施権）と下請けをはっきり区別できないこともあり得るので，紛争を避ける意味ではいずれの場合であっても契約上の扱いを明確に規定しておくべきです。

　サブライセンスを認める場合は，以下のような条項を規定します。

> X社は，Y社に対し，許諾特許権等について，許諾製品を日本において製造及び販売するための再実施許諾権付きの独占的な通常実施権を許諾する。

　また，サブライセンスは不可であるが，下請けを認める場合は，以下のような条項を規定します。

> (1) X社は，Y社に対し，許諾特許権等について，許諾製品を日本において製造及び販売するための独占的な通常実施権を許諾する。なお，Y社は，第三者に対し，実施権を再許諾してはならない。
> (2) 前項にかかわらず，Y社は，許諾製品をY社の子会社に委託製造させることができる。

　Y社としては子会社に製造させることを予定していたのであれば，現場レベルで確認し合うのではなく，契約上明記すべきでした。X社がスタートアップ企業ということで甘く見ていた面があったかもしれません。交渉担当者の同意は必ずしも会社としての意思ではなく，担当者は将来変わることがあり得ます。以下のような完全合意条項が含まれているときは，契約交渉時の合意は，契約書に規定されていなければ無効とされます。

> 本契約は，本契約締結時におけるX社・Y社の合意の全てであり，本契約締結以前におけるX社・Y社間の明示又は黙示の合意，協議，申入れ，各種資料等は，本契約の内容と相違する場合には，効力を有しない。

　X社から見ればサブライセンス，下請けのいずれであっても第三者が製造することに変わりなく，製品の品質や評判の維持のためや，技術の目的外利用をさせないために，直接またはライセンシーを通じてA社に対し一定のコントロールをすべきです。X社としては，契約違反に際して，Y社に代わる製造先がすぐに見つからない，Y社の違反が悪質ではない，現場担当者レベルでの合意があったなどの事情を考慮して，契約を解除せず，ライセンス条件の変更にとどめたのは，合理的な判断であったといえます。

2. ミニマムロイヤルティ未達成の事例〈事例⑰〉

〈経　緯〉

　バイオ技術を有するX社は，食品会社であるY社にバイオ技術を独占的にライセンスしています。ライセンス契約には以下のとおりミニマムロイヤルティが規定されています。

> 1. ロイヤルティの各年度の最低支払額（以下「ミニマムロイヤルティ」という。）は●万円とする。各年度のロイヤルティがミニマムロイヤルティに達しないときは，ライセンシーは，ライセンサーに対し，当該年度のロイヤルティとミニマムロイヤルティとの差額を当該年度のロイヤルティとともに支払うものとする。
> 2. 当該年度のロイヤルティの額がミニマムロイヤルティの額を超過したときは，その超過額を翌年度に限り繰り越すことができる。

3. 競合品の出現，経済情勢の著しい変動その他ライセンシーの責に帰すべからざる事由により，ミニマムロイヤルティを達成できないときは，ライセンシーは，第1項の義務を免除されるものとする。

　Y社は，1年目にミニマムロイヤルティを達成することができず，2年目もその達成が難しいため，X社から契約を解除されるおそれがありました。そこで，Y社は，2年目の最終月に自社の子会社に大量に製品を販売し，辛うじてミニマムロイヤルティを達成することができました。

　X社は，2年目に入ったあたりからY社の販売能力に疑問を持ち，Y社が2年目もミニマムロイヤルティを達成できそうにないため，Y社に変わるライセンシーとしてZ社を見つけたところでした。X社としては，Y社が子会社に販売した商品はグループ内で売上げを計上しただけで，市場で販売されたものではないので，ミニマムロイヤルティの計算対象にはならないと考え，Y社に対して契約を解除する旨通知しました。ただし，ミニマムロイヤルティ未達成の効果は明確に規定されておらず，契約違反による解除を主張しました。

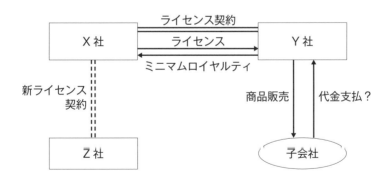

〈結　果〉

　Y社は子会社への販売は帳簿上のものであるため，ミニマムロイヤルティの達成を強くは主張できず，X社との交渉の結果，契約解除を免れる代わりに，ライセンスを非独占的とすることで合意しました。

〈検　討〉

(1) ミニマムロイヤルティの規定

　独占的ライセンス契約の場合は，Y社が製造・販売しない限りX社にロイヤルティが入ってこないため，ミニマムロイヤルティを規定するのが一般的です。販売店契約の最低販売数量と同じように，違反の場合の効果まで明確に決めておくべきです。なお，知的財産ガイドラインによれば，ミニマムロイヤルティの設定は，他の技術の利用を排除することにならない限り，原則として不公正な取引方法には該当せず，独占禁止法上は問題になりません。

　本件では，Y社は契約解除を避けるために，2年目の終了間際に自らの子会社に販売しましたが，代金は支払われていない状況でした。仮に代金が支払われていたとしても，親子会社間なので，売買の形だけ取って，市場で販売されない可能性が高い取引でした。

　本件のようなケースを想定すると，ロイヤルティに関しては，その発生時期を明確に規定しておくことが望ましいといえます。発生時期としては，対象商品の販売契約締結時，引渡時，所有権移転時，検収完了時，代金請求時，代金受領時などがあり得ます。

(2) 本件の解決方法

　X社としては，ミニマムロイヤルティの未達成を理由に契約違反による解除を（強く）主張することもできましたが，ミニマムロイヤルティ未達成のペナルティについての規定がなかったため，未達成が契約違反による解除事由にあたるか（継続的契約の解除を認める重大な違反といえるか）が争われるおそれがありました。また，Z社へのライセンスを進めたいために，Y社との間で解除の可否で裁判になることは避けたいという事情がありました。そのため，話合いにより，非独占的ライセンスに変更し，Y社とZ社の双方にライセンスすることにしました。

　なお，X社は，Y社が上記ライセンス契約の第3項の競合品の出現や経済情勢の変動を主張してくることをおそれていました。ライセンサーとしては，このようなライセンシーに有利に働く広い例外を規定すべき

ではありません。競合品は，見方によっては常に存在し得るものであるため，ライセンシーの責任免れの口実に使われるおそれがあります。また，経済情勢の変動も，不可抗力事由にあたるもの以外は例外とすべきではありません。

3. ロイヤルティ監査をめぐる紛争 〈事例⑱〉

〈経　緯〉

　スタートアップ企業のX社は，大手メーカーであるY社に対し，通信技術の特許権を独占的にライセンスしました。ライセンス技術を使ってY社が製造・販売する商品は評判を呼び，かなりのヒット商品となりました。X社とY社の間のライセンス契約において，ロイヤルティの計算方法は以下のとおり定められています。

---

①ライセンシーはライセンサーに対し，下記ライセンスの対価の支払をなすものとする：

記

a.　イニシャル・ペイメント
　　金●万円也

b.　ロイヤルティ
　　ライセンシーが本契約期間中に販売し，無償譲渡し又は自己使用する本件製品につき，本条2項で定める純販売価格の●％。

②ライセンシーが本件製品を第三者に販売する場合における純販売価格とは，総販売価格から，包装梱包費，輸送費，代理店手数料，据付費，物品税，関税及び商取引の慣行上許される妥当な範囲内の現金割引額，数量割引額，リベート等を控除した残額をいう。ただし，これらの費用及び金額が，ライセンシーの購入者に対する請求書中で本件製品の価格と明確に区別して記載されていない場合には，上記の控除は許されない。

　X社が本件製品の売上げを予測した数字と，Y社が提出してきたロイヤルティレポートの数字との間には大きな乖離がありました。X社は1年間様子を見ましたが，明らかに報告される数字が過少であるため，Y社に確認を求めましたが，Y社は報告した数字が正しいと主張しました。そこでX社は，以下の規定に基づきロイヤルティ監査を行うことにしました。

　ライセンシーは，ロイヤルティの報告，支払の基礎となる関係書類を保管するものとし，ライセンサーが必要と認めたときは，ライセンサー又はライセンサーの指定した代理人に当該関係書類を監査させるものとする。

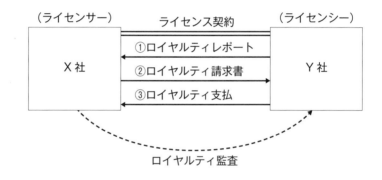

〈結　果〉

　Y社のロイヤルティレポートには，売上げの過少申告と費用の過大申告があり，ロイヤルティは10％も少なく計算されていました。X社はY社に対し，その差額を請求するとともに，ペナルティとして追加のロイヤルティを請求することにしました。しかし，関連会社への譲渡やサンプル使用した商品の扱いについては解釈の違いということになり，X社は，ペナルティやロイヤルティ監査費用の支払は求めないことにしました。

〈検　討〉

(1) ロイヤルティ監査の規定

　ロイヤルティの算定方式として最も広く用いられているのは，販売額をベースにした定率式のロイヤルティです。この方式のロイヤルティの額は，対象製品の純販売価格に一定の料率をかけることによって算出されるのが一般的です。ロイヤルティの算定方式は，ライセンス契約で最も問題になりやすい条項であり，業界の慣行等も考慮に入れて明確に規定する必要があります。具体的な規定方法については，第1編第2章第4の2（3）の解説をご参照ください。

　ロイヤルティ監査に関する条項は，多くのライセンス契約に含まれていますが，国内企業同士においてはお互いの信頼関係を重視し，実際に行使されることはほとんどありませんでした。近年になって海外企業による権利行使が増えてきており，国内企業においても，知的財産の戦略的活用の一環として，ロイヤルティ収益の確保のための正当な権利行使として見直されてきています。国内企業間の契約においては本件のような簡易な条項が規定されていることが多いですが，適正なロイヤルティ監査が行えるようにライセンサーの監査権の内容については，なるべく詳細に規定しておくべきでしょう。また，監査の対象となる帳簿等の保管義務やロイヤルティ報告書の作成義務についても，以下のように明確に規定しておくべきです。

---

　①ライセンシーは，毎年3月31日及び9月30日締めで，各6か月間における本件製品の販売数量，純販売価格及び第●条により算出したロイヤルティを記載した報告書を，各締切日から1か月以内にライセンサーに提出し，かつ各締切日から2か月以内にそのロイヤルティを現金でライセンサーに支払うものとする。

　②ライセンシーは，本件製品の販売がなかった場合も前項に規定する報告義務を免れない。

> ③ライセンシーは，製造又は販売された本件製品について，完全にして正確な帳簿及び記録を継続して作成するものとする。これらの帳簿及び記録は，ライセンサー又はライセンサーが指名した公認会計士により監査され得るものとし，かつかかる監査のために，営業時間中利用できる状態にされていなければならない。

　ロイヤルティ監査を実施することは，ライセンサーにとっては，監査権に実効性を持たせる意味があり，ライセンシーに対して一定の牽制をかける意味があります。ライセンシーにとっても，意図的な過少払をしているのでなければ，ロイヤルティの計算方法についてライセンサーと認識を合わせる機会になるので，双方にメリットがあるといえます。

(2) 本件における監査の実施

　本件では，詳細なロイヤルティ監査の条項が規定されていたために，効率的な監査が可能になり，X社による早期の債権回収につながりました。

　ロイヤルティ監査はライセンス契約上ライセンサーに与えられた権利であり，権利行使が信頼関係を破壊すると考えるのではなく，適正なロイヤルティの支払を確保するための一手段であると認識するべきでしょう。

　本件では，本件製品の関連会社への譲渡やサンプル使用についてのロイヤルティ計算が問題になりました。そのような状況を避けるために以下のような条項も規定しておくべきです。

> ①前項の規定にかかわらず，ライセンシーが本件製品をその子会社又は関連会社に販売する場合における純販売価格は，独立当事者間の公正市場価格とする。
> ②ライセンシーが本件製品を第三者に無償譲渡し，又は自己使用に供する場合における純販売価格は，ライセンサーの事前承諾を得た価格とする。

　また，監査の対象となる文書の範囲で争いにならないように，以下の規定を入れておくべきです。

> 監査の対象となる文書は，本契約の別紙●に列挙される文書を含むが，これに限らないものとする。かかる監査は，本契約の存続期間中，第●条に定める在庫処分期間中及び在庫処分期間終了の日から1年間行われ得るものとする。ただし，この監査期間は，ライセンサーがライセンシーによる本契約の違反を認識し，又はかかる違反について合理的な疑義を生じた場合，そのときから更に1年間延長されるものとする。

　さらに，X社が負担したロイヤルティ監査の費用をY社に負担させるためには，以下のような条項を規定しておくべきです。

> 前項に基づく監査の実施に要する費用は，原則としてライセンサーが負担するものとする。ただし，下記のいずれかの場合，かかる費用はライセンシーが負担するものとする。（i）かかる監査の結果と，ライセンシーが報告するいずれの販売年度の純販売価格と比較して，又はライセンシーが報告する本契約期間満了時点のライセンシーの在庫若しくは仕掛品である本件製品のリストと比較して少なくとも5%の誤差が生じた場合，（ii）ライセンシーが本契約の不履行を行った後，ライセンサーが監査することを決定した場合。

4. ライセンサーの保証をめぐる紛争〈事例⑲〉

〈経　緯〉

　創業ベンチャーのX社は，食品会社Y社に対し，バイオ技術の特許権を独占的にライセンスし，Y社はそれを使って栄養食品（以下「本食品」といいます。）を製造・販売していました。ところが本食品は，Z社の特許権を侵害しており，Z社がY社に対し，販売の差止めを求める仮

処分命令の申立てを行いました。Y社は，X社にその事実を伝え，共同してZ社と交渉することにしました。ライセンス契約には，以下の条項が規定されていました。

---

(1) X社は，Y社に対し，許諾特許等の実施が第三者の知的財産権を侵害しないことを保証する。

(2) X社は，Y社による許諾特許等の実施が第三者の知的財産権を侵害し，それにより，Y社が損害を被った場合又はそのおそれがある場合には，当該損害をY社に対して補償するとともに，X社の負担で，Y社が本契約に基づき許諾特許等を実施する権利を確保するために必要な措置をとるものとする。

X社とY社による調査の結果，本食品はZ社の特許権を侵害している可能性が高く，Z社と訴訟で争っても勝てそうにないことが判明しました。

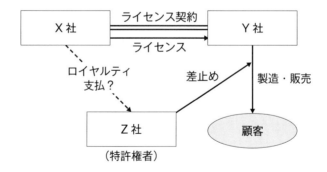

〈結　果〉

X社は，Z社と和解して一定のロイヤルティを支払うことにし，Y社へのライセンスを継続することにしました。また，X社は，Y社が差止めによって被った損害を賠償することになりました。

〈検　討〉

（1）特許権侵害についての保証

　許諾対象の特許は既に公開されているので，第三者が改良発明をし，その特許を取得しており，本商品がその特許を侵害している可能性があります。X社としては，ライセンス契約締結時に，当該技術分野に関する特許権その他の権利について全て調査を尽くすことは現実的に不可能であり，かつ，許諾特許の実施が第三者の権利に抵触するかどうかは高度な法的判断が求められます。また，仮に侵害していた場合は，Y社が，特許権者からの差止めや損害賠償請求により多額の損害を被り，X社に補償を求めてくるおそれがあります。そのため，X社は，許諾特許の実施が第三者の権利を侵害しないことは保証しないとの規定にしたいところです。

　他方，Y社としては，許諾特許の実施が，第三者の知的財産権を侵害する結果となる場合には，Y社は，その事業の停止を余儀なくされ，当該第三者から多額の損害賠償請求を受けるおそれがあります。Y社は，X社から許諾特許の実施が第三者の権利を侵害しないとの保証を受けていない限り，自己の責任と費用で自ら訴訟追行を行う等のリスクを負担することになります。そのため，Y社としては，許諾特許等の実施が第三者の権利を侵害していないとの保証を受けた上で，許諾特許等の実施により第三者から損害賠償請求等の訴訟を提起された場合には，X社に対し補償を求めたいところです。

（2）本件における保証

　以上のような状況において，本件のようにX社がY社に対し知的財産権の非侵害について保証することは，X社が大きなリスクを取ったことになります。本件が食品分野の単体の特許であることと，Y社の立場が強かったことが影響したと思われます。本食品が，仮に様々な技術の集積である電子機器のような製品であれば，X社がこのような保証をすることはまずあり得ないことです。仮に保証するとしても，「X社の知る限りにおいて」という限定を入れるか，「これまでに第三

者から知的財産権を侵害すると主張する通知を受領したことはない」というような形の表明保証にとどめるべきでしょう。

　なお，本事例のライセンス契約の保証条項（1）（2）のうち，（1）のみ規定している契約も散見しますが，それだけでX社の具体的な義務や責任を認めることは困難です。（2）項のように具体的な責務を規定すべきです。

　本件では，X社による保証があったため，X社が主体となってZ社との紛争を解決することになりました。許諾特許については，X社の技術であるため，X社はY社より第三者からの訴訟に対して防御しやすい立場にあります。Y社に任せてしまうと，Y社は，後でX社から損害をてん補してもらえるため，安易に第三者と和解してしまうおそれもあります。

　結果的に，X社は，最後まで訴訟で争うことより，Z社との間で和解し，Z社からライセンスを受けてロイヤルティを支払う道を選びました。訴訟で負けたときの差止めや損害賠償のリスクや訴訟にかかる時間，費用，手間などを考慮に入れて，X社とY社双方にとって，Z社からライセンスを受けた方がビジネス的にメリットがあると判断したためです。

5. 改良技術に関する紛争〈事例⑳〉

〈経　緯〉

　X社はY社に対し，化学品の製造ノウハウをライセンスしていました。Y社は，そのノウハウの改良技術を開発したところ，X社から，ライセンス契約の以下の条項により独占的にライセンスするよう求められました。

---

1. Y社が本契約の有効期間中に，許諾特許等の改良技術を開発したときは，X社に対し，直ちにその内容を通知するものとする。

2.　前項の場合において，X社から当該改良技術の実施の要求があったと
　　きは，Y社はX社に対し，本契約の有効期間中，当該改良技術の再実
　　施権許諾付きの実施権を相応のロイヤルティで独占的に許諾するもの
　　とする。なお，ロイヤルティの額，計算方法，支払方法等は別途協議
　　の上定める。

　しかも，X社が要求してきた独占的ライセンスについてのロイヤル
ティは業界の相場より著しく低いものでした。しかし，X社からライセ
ンス契約を解除されると，Y社は化学品の製造ができないため，X社に
改良技術のライセンスをすることを前提に，条件を交渉することになり
ました。

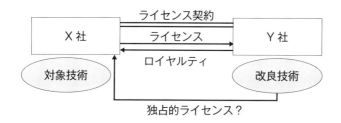

〈結　果〉
　Y社が弁護士に相談したところ，X社がY社に対し，改良技術の独占
的ライセンスを義務付けることは独占禁止法違反になる可能性が高い旨
アドバイスを受けました。それを踏まえて，Y社は，X社に対し，改良
技術のライセンスは非独占とするよう交渉し，合理的なロイヤルティで
合意することができました。

〈検　討〉
(1)　改良技術と独占禁止法の規制
　Y社としては，自ら開発した改良技術の取扱いについて，当然，Y社
にできるだけ広い範囲でその権利が帰属することを希望します。しかし，

X社としても，自らの技術がベースになっているので，何らかの形で改良技術を自ら利用できるようにすることを求めたいところです。そのため，改良技術の取扱いについては，契約交渉で問題になることが多く，注意を要します。本件のように，ライセンサーがライセンシーの改良技術についてライセンスをする義務を課すことをグラントバックといいます。

　この点については，知的財産ガイドラインに公正取引委員会の考え方が示されています。すなわち，ライセンス契約において，将来Y社が開発した改良技術について，X社又はX社が指定する事業者にその権利を帰属させる義務（アサインバック），又はX社に独占的にライセンスをする義務（独占的グラントバック）を課すことは，原則として独占禁止法違反となるため，X社がこれを求めることはできません。知的財産ガイドラインは，かかる行為は，「技術市場又は製品市場におけるライセンサーの地位を強化し，また，ライセンシーに改良技術を利用させないことによりライセンシーの研究開発意欲を損なうものであり，また，通常，このような制限を課す合理的理由があるとは認められないので，原則として不公正な取引方法に該当する（一般指定12項）」と規定しています（第4.5.（8））。

　一方，「ライセンシーが開発した改良技術が，ライセンス技術なしには利用できないものである場合に，当該改良技術に係る権利を相応の対価でライセンサーに譲渡する義務を課す行為」や「ライセンサーがライセンシーに対し，ライセンシーによる改良技術をライセンサーに非独占的にライセンスをする義務を課す行為」は，原則として独占禁止法に違反しないとされています（第4.5.（8）（9））。ライセンシーにとって，改良技術は通常自らも利用したいので，相当な対価を得たとしても改良技術を譲渡することは受け入れがたく，非独占的ライセンスを提案することが多くなると考えられます。

（2）本件における解決

　本件においても，Y社がX社に対し非独占的ライセンスをすること

で解決しましたが，契約交渉時から独占禁止法の観点から契約内容のチェックをしておけば，改良技術をめぐってトラブルになることもなかったといえます。

　また，Y社により改良された技術が契約上の「改良技術」なのか，全く新しい技術なのかが問題となることもあります。Y社は，対象技術とは別の新しい技術であると主張して，X社へライセンスすることを拒否することが考えられます。どのような改良がなされるかは契約締結時にはわからないので，契約上「改良技術」を詳細に定義するのは難しい面があります。実際には，ライセンス契約の交渉の性質上，ライセンサーの交渉力が強いケースが多いと思われますが，ライセンシーとしては，改良のプロセス等をしっかり記録に残しておくべきです。

(3) ライセンサーの改良技術

　ライセンサーによる改良技術の取扱いについても紛争になることがあります。よく生じる問題点は以下になります。
　①対象技術とは別の新しい技術でありライセンスの対象外となるか，
　　対象技術の改良でありライセンスの対象となるか。
　②ライセンスの対象となる場合，契約上の対象技術のロイヤルティに
　　加えて，改良技術に追加のロイヤルティを支払う義務があるか。
　上記の問題点についても可能な限り契約上で手当てしておくべきです。この場合も「改良技術」の範囲が問題になりますが，ライセンシーによる改良技術に比べれば，契約締結時に予測が付きやすいことが多いと思われます。ライセンシーによる改良技術はライセンス後にライセンシーが実際に対象技術を利用してみないと想定しにくいのに対し，ライセンサーによる改良技術はライセンサー自ら改良の計画やイメージを有していることも多いからです。

6. ライセンサーの倒産に伴う紛争〈事例㉑〉

〈経　緯〉

　化学品メーカーX社は，アパレルメーカーY社との間で特殊繊維の特許について独占的ライセンス契約を締結しました。ライセンス契約には，ライセンサーの義務として技術指導や技術供給義務も規定されていました。ところが，契約締結から3年経ったところ，ライセンサーであるX社は，財務状況が悪化し，倒産手続（会社更生）が開始されることになりました。X社の管財人は，Y社に対し，ライセンスを独占から非独占に変更し，材料供給を止めることを求め，Y社が同意しなければ契約を解除する旨通知してきました。

　Y社としては，本件特許を使ってヒット商品を販売しており，ライセンス契約を解除される事態は避けたいと考えています。Y社は，X社の管財人とライセンス契約の条件交渉を行いました。

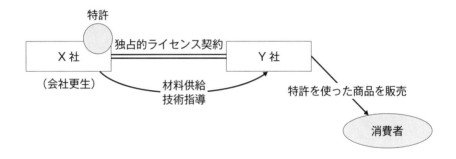

〈結　果〉

　X社とY社は，ミニマムロイヤルティの額を上げることにより，独占的ライセンスを維持するとともに，技術指導や材料供給は不要であるとして，ロイヤルティの料率を下げることで合意しました。

〈検　討〉

（1）ライセンサーの倒産時の扱い

　ライセンス契約において，お互いの債務の履行が完了していない状態

で，ライセンサーが倒産した場合，双方未履行の双務契約として，管財
人が契約を解除するか，継続するかの選択権を有するのが原則です（破
産法53条，民事再生法49条，会社更生法61条）。ただし，ライセンシーが，
登記・登録などの第三者に対抗することができる権利を備えている場合
は，管財人は上記選択権を有さず，一方的に解除したり，継続させたり
することはできません。特許権のライセンスが通常実施権であれば，当
然に管財人に対抗できるとされており（特許法99条），本件でも通常実施
権のライセンシーであるY社は契約の継続を主張できることになりま
す。つまり，理論上は，Y社はロイヤルティを支払い続けることにより，
特許権の実施を継続できることになります。しかし，ライセンス契約の
条件が全てそのまま継続するかどうかは議論があり，実際に，倒産した
X社が技術指導や材料供給を継続できるとは限りません。

（2）管財人との交渉

　X社の管財人としては，X社の再生につなげるため，本件ライセンス
契約をなるべくX社に有利な条件で継続したいと考えます。そのため，
本件特許は，魅力ある特許権なので，独占ではなく非独占にして複数の
ライセンシーから多くのロイヤルティをもらうことや，技術指導，材料
供給などのX社に負担となる義務は履行できないことを主張してきま
した。

　Y社としては，非独占にされると競合他社が参入してくるため，あく
までライセンス契約の条件は全て管財人に対抗できると主張して裁判で
争う姿勢を見せつつ，現実的な和解を目指して交渉しました。その中で，
独占を維持するために，Y社のこれまでの設備投資やマーケティング努
力を強調し，独占的な関係だから得られたX社のメリットをアピール
しました。その上で，商品の売上げは年々増加していることから，ミニ
マムロイヤルティの額を増額することを提案することにより，独占的立
場を維持することに成功しました。

　他方で，技術指導や材料供給は，Y社にとって今では必ずしも必要で
ないため，X社の負担を軽減するために，それらの義務を免除すること

にしました。その代わり，ロイヤルティ料率をわずかながら下げること
にも合意できました。X社の材料生産部門は，会社更生によって切り離
されることになったため，X社としては，材料の供給を続けることが難
しいという事情と，X社としてはこれまでより高いミニマムロイヤル
ティが確保できれば，財務体質が安定するという事情もありました。

　以上のとおり，X社の管財人とY社は和解が成立し，Y社は，新たな
条件でライセンス契約を結びなおし，スポンサーの支援のもとで会社更
生により復活したX社と技術提携を継続することになりました。

(3) ライセンサー倒産リスクの回避

　ライセンシーとしては，ライセンサーの倒産リスクを避けるために，
ライセンス契約上で，ライセンサーの倒産は契約条件に何ら影響を与え
ないという規定を設けることがあり得ますが，管財人に対しては効力を
有しないと考えられています。また，特許権に譲渡担保権や，質権を設
定することもあり得ますが，そのような設定登録を契約時に認めるライ
センサーはまずいないでしょう。そのため，ライセンシーが現実的なリ
スク回避の手段を取ることは難しく，ライセンサーの倒産時に管財人と
の交渉で有利な条件を勝ち取るための準備が重要になります。

7.　契約終了後の競業避止と秘密保持〈事例㉒〉

〈経　緯〉

　上場会社であるX社とY社は，化学製品の製造ノウハウの独占的ラ
イセンス契約を締結し，X社がY社に対し技術をライセンスしていま
した。ライセンス契約は期間満了により終了しましたが，以下の条項に
より，秘密保持義務と競業避止義務が存続していました。

(1) Y社は，X社が「秘密」として指定して提供した本ノウハウにかかる一切の資料の内容（以下「秘密情報」という。）を第三者に漏洩してはならず，また，本ノウハウを第●条に基づく許諾製品の製造又は販売以外の目的に用いてはならない。ただし，X社が事前に書面で同意した場合に限り，Y社は第三者に秘密情報を開示することができる。なお，Y社は，第三者に秘密情報を開示する際には，本契約の規定と同一の秘密保持義務を当該第三者に課さなければならない。

(2) Y社は，本契約の期間中及び契約期間終了後5年間，X社の事前の書面による同意がない限り，本ノウハウと同一若しくは類似又は密接に関連する技術の開発を，単独若しくは第三者と共同で行い，又は第三者から受託してはならない。

　Y社は契約終了後3年後に独自に開発した技術により，X社の製品と競合する新製品を製造・販売することにしました。しかし，X社から，競業避止義務と秘密保持義務違反を理由に製品の販売を中止するよう求められました。

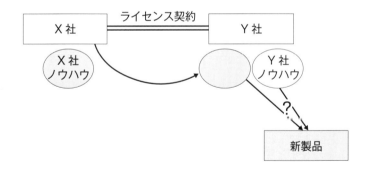

〈結　果〉

　Y社は，競業避止義務については，5年間は長すぎるとして，独占禁止法上違法であるという主張は可能でした。しかし，秘密保持義務につ

いては，Y社は，X社からライセンスを受けた技術とは別個に新製品を
開発しましたが，情報遮断が十分ではなく，独自開発を立証することは
困難であると判断しました。そこでY社はX社に対し，一定の解決金
を支払って製造・販売せざるを得なくなりました。

〈検　討〉

(1) 競業避止義務と秘密保持義務の有効期間

　独占的ライセンス契約には，競業避止義務と秘密保持義務がセットで
含まれているのが一般的です。競業避止義務については，ほかにノウハ
ウの漏洩又は流用を防止するための手段がない場合には，秘密性を保持
するために必要な範囲で適法とされ，契約終了後であっても短期間であ
れば問題ないとされています（知的財産ガイドライン第4.4.(4)）。本件では，
契約終了後5年間の制限規定がありましたが，Y社は，長くても2年間
に限り有効であると主張することは可能でした。

　ライセンシーとしては，契約交渉時に，競業避止義務については，そ
の競合の範囲や存続期間について注意を払いますが，秘密保持義務につ
いては存続期間を定めないこともあります。その場合，当該技術が公知
化又は陳腐化しない限り，秘密保持義務が永久に続くことになり，忘れ
たころに本件のような紛争が生じるリスクがあります。また，X社のノ
ウハウが不正競争防止法上の「営業秘密」にあたる場合は，差止めや損
害賠償が認められるリスクが高まります。

　Y社としては，多額の設備投資や販促費をかけて新製品を販売した後
に，秘密保持義務違反や不正競争防止法違反を主張されて裁判になるリ
スクは取れないという判断になりました。Y社の立場からは，存続期間
を3年ないし5年とする交渉をすべきでした。なお，共同研究開発契約
においても，研究開発の期間や秘密保持義務の存続期間を定めない場合
にも同様の事態が生じます。

(2) 情報の遮断について

　Y社としては，X社から本件のようなクレームを受けたときに反論で

きるよう，契約交渉チームと開発チームを分け，対象ノウハウを扱う社
員を限定し，他の社員がその情報にアクセスできないようにするなどの
情報遮断措置（チャイニーズウォール）を構築すべきでした。さらに独自
技術の開発プロセスを詳細に記録に残し，いざというときに反論できる
ようにしておくことも重要です。

　なお，ライセンシーの立場が強ければ，本件のような事態を避けるた
めに，以下のような条項をライセンス契約に入れることも検討すべきで
す。

秘密情報の受領者は，本契約終了後，秘密情報への接触により受領者の
取締役及び従業員の記憶に残留した情報を，いかなる目的のためにも利
用することができるものとする。

---

8. ライセンシーの撤退の事例〈事例㉓〉

〈経　緯〉

　日本の専門商社であるＸ社は，フランスの日用品メーカーＹ社と，
日本国内におけるブランドＡを使用した商品の製造販売に関するマス
ターライセンス契約を締結しました（日本法準拠）。Ｘ社は，自ら直接製
造，販売するとともに，Ｚ社をはじめとする数社とサブライセンス契約
を締結し，日本でのマーケットの拡大を目指しました。

　ところが，ブランドＡを付した商品は日本では想定していたほどは
売れず，ミニマムロイヤルティが高く，原材料費も高騰したためＸ社
は赤字が続いています。さらに，Ｘ社は経営不振に陥ったため，マス
ターライセンス契約を終了し，ブランドＡ事業から撤退することにし，
Ｙ社に通知しました。

　Ｙ社は，Ｘ社に対し，Ｘ社による解約権は認められず，解約するので
あればマスターライセンス契約の残り５年間のミニマムロイヤルティの
支払と，ミニマムロイヤルティの未達成等の契約違反による損害賠償を

請求すると主張してきました。

　X社としては，Y社の契約違反や事情変更の原則等によって契約の終了が主張できないか検討するとともに，事業譲渡などによって話合いによる解決を模索しました。

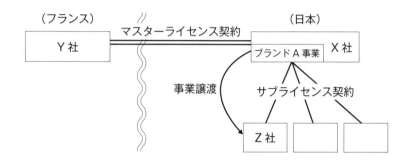

〈結　果〉

　X社は，サブライセンシーのうち，ブランドA事業の継続に興味を示したZ社に，ブランドA事業を譲渡することにし，Y社から承諾を取り付けることができました。

〈検　討〉

（1）ブランドA事業の利害関係

　X社は，ブランドA事業をこれ以上継続することは経営的に厳しく，契約の終了事由を検討しました。マスターライセンス契約の期間は10年間であり，まだ5年残っており中途解約権は認められていませんでした。Y社の契約違反は軽微なものであり，事情変更の原則の主張も契約締結当時想定できなかったほどの経済状況の変化とはいえず，いずれも裁判でX社による解約が認められる可能性は低いものでした。

　Y社としては，ブランドAの製造販売を日本で継続したいため，X社による一方的な撤退は認めることはできず，多額の損害賠償請求をちらつかせて，契約の継続を求めました。

　X社は，自らブランドA事業を続けるつもりはありませんが，日本

国内でライセンシーの地位の譲受人が見つかれば，Y社も日本での事業が継続できるので損害賠償請求を避けられる可能性がありました。

　そのため，サブライセンシーのうち，会社の規模が大きく，ブランドA事業で利益を出していたZ社に事業譲渡を持ちかけました。Z社としてもブランドA事業で利益が出ているので，マスターライセンス契約が解除され，ブランドAを扱えなくなる事態は避けたいため，この交渉はまとまることになりました。

　X社は，Y社からマスターライセンス契約のZ社への地位の譲渡について承諾を取るとともに，Z社以外のサブライセンシーからも，サブライセンス契約の地位の譲渡について承諾を取りました。これにより，X社，Y社，Z社とも，それぞれある程度満足いく形で解決することができました。

(2) X社にとっての留意点

　X社としては，ブランドAがどれだけ日本で利益が出るか十分検討しないまま，10年間という長期の契約を締結したこと，現実的でないミニマムロイヤルティの額に合意したことに問題がありました。もう少し短期間の契約にするか，条件の見直し条項や経済環境の著しい変化等一定の解約事由を規定しておくべきでした。

　しかし，ライセンス契約は，一般にライセンサーの立場が強く，ライセンサーに有利な契約になることはやむを得ない面もあります。本件も，マスターライセンス契約の解釈を裁判で争っても不利な結果になる可能性が高い事案でした。X社は，ちょうどZ社に事業譲渡できたため，無事ブランドA事業から撤退することができましたが，Z社に譲渡できなければ，Y社に多額の損害賠償を支払わざるを得なかったと思われます。

　本件は，X社が，Y社とのマスターライセンス契約終了の交渉に固執せず，第三者への事業譲渡の可能性を探りY社の利益を損なわない代案を提案できたことが，円満な解決につながりました。

　共同研究開発に関する事例

1. 成果物の権利帰属に関する紛争〈事例㉔〉

〈経　緯〉

　大手食品メーカーのX社は，ベンチャー企業のY社と共同開発契約を結び，新商品の開発を行いました。新商品の権利の帰属については以下の規定がありました。

> 本成果物に関する知的財産権は，X社とY社の共有とし，その持分割合は，各自の貢献度によるものとする。

　X社とY社は，新商品の製造技術を第三者であるA社にライセンスすることにしましたが，共有の知的財産権については以下の規定があり，共有持分の割合が問題になりました。

> 1. X社及びY社は，いずれも，共有知的財産権を実施することができる。
> 2. X社及びY社は，いずれも，相手方の書面による同意なくして，共有知的財産権について有する持分（共有知的財産権についての工業所有権登録を受ける権利の持分も含む。）を第三者に譲渡し，あるいはこれらを担保に供することができない。
> 3. X社とY社とは，いずれも，相手方の書面による同意なくして，共有知的財産権の実施又は利用等を第三者に許諾することはできない。

　Y社は，自社の貢献度は5割であると主張しましたが，X社は，Y社の貢献度は2割にすぎないと主張しました。Y社が提供したノウハウの特定をしていなかったのに対し，X社は提供したノウハウの記録をその都度開発プロセスメモに残していました。そのメモを見たY社の技術者も特に異議は述べずに開発を進めていましたが，Y社としては新商品の核心的技術は自社のノウハウによるものと考えています。

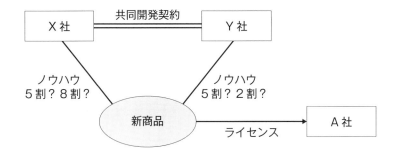

〈結　果〉

　話合いの結果，成果物の貢献度は，X社6割，Y社4割で合意し，A社にライセンスする際のロイヤルティ収入も同じ割合で分配することになりました。

〈検　討〉

（1）成果物の権利帰属

　共同研究開発における，成果物の権利帰属については，契約当事者の共有とすることが多く，本件のように貢献度に応じて決めるパターンの他に，以下のようなパターンもあります。

本成果物に関する知的財産権は，X社とY社の共有とし，その持分割合は，各自が負担した費用の割合による。

本成果物に関する知的財産権は，X社とY社の共有とし，その持分割合は均等とする。ただし，いずれかの当事者の従業員のみによって得られた発明等に関する知的財産権は，その従業員の所属する当事者に単独で帰属するものとする。

　また，成果物について，完成品と部品に区別したり，成分ごとに区別できる場合には，以下のように規定することもあり得ます。

> 本成果物に関する知的財産権は，成分AについてはX社に帰属し，成分BについてはY社に帰属するものとする。

　本件のように，成果物が共有とされている場合は，第三者にライセンスするためには，相手方の同意が必要になり（特許法73条），契約上もその旨の条項を規定するのが一般的です。ライセンスすることにより第三者から得るロイヤルティは，その共有持分割合により分配されることになります。

（2）Y社の問題点

　X社とY社の共有持分に関する交渉においては，X社の作成したメモについてY社がその都度異議を述べなかったことが問題でした。Y社としても，自社のノウハウを提供する際に，その内容を特定し，開発プロセスにおいて果たした割合の重要性を明確に記録し，X社の確認を取っておくべきでした。

　裁判になった場合は，事後的な証言よりも，開発時点の文書化された証拠の方が重視される傾向があります。共同開発に慣れた大企業は，社内プロセスとして記録を作成することが徹底されていますが，ベンチャー企業は，大企業を信頼して無防備にノウハウを提供してしまい，記録も不十分であり，担当者が転職することも珍しくありません。しかも，裁判を行うとなると，それにかかる時間や費用を考えると，どうしても大企業が有利になります。

　X社はそのような状況も考えて，自社の貢献度を8割という高めの主張をしたと思われます。交渉の結果，X社は，数字上は6割まで妥協した形でY社に恩を売りましたが，実際のところ，4割程度の貢献と考えていた可能性もあります。

　このように，共有持分について貢献度に応じて決める場合は，提供し

たノウハウを特定するとともに，自社に記録を残し，開発プロセスに応じて相手方と適時に貢献内容を確認しながら進めるべきです。

2.　共同発明の範囲に関する紛争〈事例㉕〉

〈経　緯〉

　建築資材メーカーのX社とY社は，共同開発により製品Aを発明し，共有持分を2分の1ずつとする特許出願を行いました。その後，改良品についてY社が単独で特許出願をしたことを契機にして，X社とY社は，以下の覚書（以下「本覚書」といいます。）を締結しました。

---

1. X社及びY社は，製品Aの特許を受ける権利の共有持分を2分の1とする。
2. X社及びY社による製品Aの特許の実施及び第三者への実施許諾については，必要の都度，相互の利益になるよう配慮することを前提として協議の上決定する。
3. X社及びY社は，製品Aの改良について特許出願をしようとする場合には，相手方当事者にその内容を通知し，その取扱いについては協議の上決定する。

　Y社は，製品Aと同分野の別の複数の発明（以下「本発明」といいます。）につき単独で特許出願をし，第三者に実施許諾しました。X社は，本発明はY社との共同発明であるか，又はY社との間で特許を受ける権利を各2分の1の割合とする旨合意したと考えています。そこで，X社は，Y社に対し，当該特許を受ける権利につき共有持分が2分の1であることの確認を求めるとともに，本発明の実施料としてY社が第三者から受領した額の2分の1の支払を求めました。

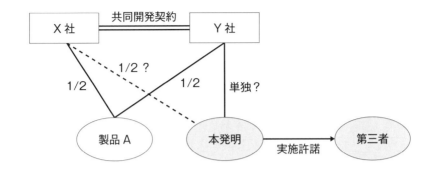

〈結　果〉

　裁判所は，本発明について，X社及びY社の共同発明であるとも，X社がY社との間で特許を受ける権利を各2分の1の割合の共有をする旨合意したとも認められないとして，X社の請求を棄却しました。

〈検　討〉

（1）共同発明とは

　本件は実際の裁判例（東京高裁平成14年3月29日判決・裁判所ウェブサイト，東京地裁平成13年4月26日判決・裁判所ウェブサイト）をベースにしています。

　まず，共同発明といえるかどうかについては，本発明もX社とY社による一連の共同開発行為の中で行われていましたが，本発明については，X社の社員に共同発明者といえるだけの実質的関与があったとはいえないと認定されました。共同発明といえるためには，提供した着想が新しいか，又はその新着想を具体化する必要があります。X社としては，共同発明を主張するのであれば，開発の経緯，内容，過程を具体的に記録として残し，本発明に実質的関与があったことの証拠にしておく必要がありました。発明の過程で，Y社との間で協議をする機会があったのであれば，その都度X社としての貢献を主張すべきでした。

(2) 本覚書の合意内容について

　次に，特許を受ける権利の共有についての合意について検討します。本覚書は，製品を特定した上で，第3条において製品Aの改良について特許を出願する際は，相手方に通知し，その取扱いを協議決定すると規定しています。製品Aとその改良発明である本発明とは明らかに別扱いとされています。

　また，本覚書に先立って，Y社により単独で特許出願された改良発明があることが認定されました。X社はそのことを知りながら，本覚書において製品Aに関して特許を受ける権利のみを共有と明記している以上，本発明に関する権利をX社とY社の共有にする合意があったとは認められないと判示されました。

　このように，裁判においては，書面の合意が重視される傾向にあるので，X社としては，本覚書の締結時点で権利主張したい点があれば全て主張してそこに規定すべきでした。特許を受ける権利の共有について定める本覚書において，本発明について何ら規定がない以上，本発明については共有の対象とする合意はなかったという認定になりました。

　なお，本件においてY社が，X社との関係で優越的地位にあって，X社に不当に不利益を与えた場合は，優越的地位の濫用として違法になります（独占禁止法19条，2条9項5号）。そのような場合，X社は，本発明は共有であるにもかかわらず，無理やり本覚書を締結させられたなどと主張することも考えられます。

3. 著作物に関する紛争〈事例㉖〉

〈経　緯〉

　ベンチャー企業X社は，システム販売会社Y社とAIシステムの共同開発契約を締結しました。成果物の著作権はX社とY社の共有としましたが，システムAに係る著作権については以下のとおり規定されていました。

> 成果物のうちシステムAに係る著作権はY社に帰属するものとする。

　システムAに関する開発はX社の従業員が行ったため，Y社は，X社から本件成果物全体の著作権の譲渡を受け，新商品を開発することにしました。ところが数年後，Y社がその商品のアップデートをしようとしたところ，X社は，著作権法上の翻案権と著作者人格権侵害であると主張して，アップデートの中止を求めてきました。

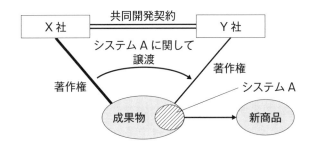

〈結　果〉

　Y社は，共同開発契約上の著作権の定め方が不十分でした。Y社は，X社と交渉した結果，追加の支払をすることによって，著作権の完全な譲渡と著作者人格権の不行使に同意してもらうことにしました。

〈検　討〉

（1）著作権の注意点

　共同研究開発の成果物として生じ得る著作物は，例えば，共同研究開発の過程で作成されるプログラム，製品マニュアル，検討資料等様々なものがあります。このような著作物に係る著作権の帰属について規定する際は，特に以下の点について，発明等の他の知的財産権とは異なる留意が必要です。

　著作権は，原則として著作物を創作した者（職務著作の場合はその使用

者）に帰属します。X 社の従業者が X 社における業務の一環として作成したシステム A のプログラムは，職務著作に該当するため，その著作権は X 社に帰属するのが原則です。共同研究開発契約において，システム A に係る著作権は Y 社に帰属する旨規定されていると，当該プログラムの著作権は，契約に基づき Y 社に帰属しますが，正確に言うと，まず X 社が原始的に取得した後，X 社から Y 社に譲渡されたことになります。

ここで，著作権法 61 条 2 項は，「著作権を譲渡する契約において，第 27 条又は第 28 条に規定する権利が譲渡の目的として特掲されていないときは，これらの権利は，譲渡した者に留保されたものと推定する」と規定しています。著作権法 27 条に規定する権利とは，いわゆる翻案権であり，同法 28 条に規定する権利とは，二次的著作物の利用に関する原著作者の権利のことをいいます。

つまり，Y 社は，共同研究開発契約において，著作権法 61 条 2 項に基づく特掲事項を規定しておかないと，せっかくプログラムの著作権を取得したとしても，プログラムの修正・加筆が制限される可能性があります（同法 27 条）。また，X 社に一定の権利が残存するため（同法 28 条），当該プログラムの利用が実質的に制限される可能性もあります。

そこで，Y 社としては，共同研究開発契約において，以下のとおり，上記特掲事項を規定しておくことが必要となります。

> 成果物のうちシステム A に係る著作権（著作権法第 27 条及び第 28 条所定の権利その他一切の権利を含む。）は，その発生と同時に X 社から Y 社に譲渡され，Y 社単独に帰属するものとする。

（2）著作者人格権について

著作権法には，譲渡可能な著作権のほかに，譲渡不可能な著作者人格権が規定されています。著作者人格権の内容としては，公表権（18 条），氏名表示権（19 条）及び同一性保持権（20 条）が規定されています。上

記の例で見ると，Ｘ社からＹ社にプログラムの著作権が譲渡されたとしても，Ｘ社には著作者人格権が残存することになります。例えば，Ｙ社がプログラムをアップデートしようとする場合，Ｘ社が保有する同一性保持権との関係が問題になります。

　そこで，Ｙ社としては，共同研究開発契約の中で，以下のとおり，Ｘ社がＹ社に対し著作者人格権を行使しない旨規定しておく必要があります。

Ｘ社は，本契約の終了後といえども，Ｙ社及びＹ社の指定する者に対して，システムＡに関する著作者人格権を行使せず，自己の従業員又は自己の委託先が当該権利を有する場合，これらの者が当該権利を行使しないために必要な措置をとらねばならないものとする。

---

(3) 著作権の共有の場合

　著作権を共有とする場合の利用方法にも，特許権等とは異なる留意が必要です。特許権が共有の場合には，各共有者は，原則として自由にその特許発明を実施することができます（特許法73条２項）。他方，著作権が共有の場合（共同著作権）には，各共有者は，共有者全員の合意によらなければ，持分の譲渡や自由に著作物を利用（例えば，複製・翻案等）することができません（著作権法65条１項・２項）。著作権を共有とする場合には，この点についても留意し，例えば共有著作物を自ら利用することについて，他方当事者が包括的に合意する旨をあらかじめ共同研究開発契約に定めておく等対処しておく必要があります。

　このように，著作権の処理は複雑であるため，契約書を作成する際には専門家のアドバイスを得て，成果物の利用形態に合わせた権利処理を行う必要があります。

　なお，システムの開発においては特許権についても留意すべきです。ネットビジネス，金融取引等に関連して，新規なビジネスの手法をコンピュータシステムやネットワーク等の技術的手段を利用して具現した発明を対象とするビジネスモデル特許が成立する可能性があります。

4.　共同開発費用に関する紛争〈事例㉗〉

〈経　緯〉

　韓国のメーカーX社と日本の販売会社Y社が家庭用浄水器の共同開発を行うことを合意しました。両社の間には以前から機器の売買取引の経験があり，締結済みの取引基本契約書（日本法準拠）に基づき今回も取引を行うことにしました。そのため，共同開発契約書は作成せず，取引基本契約に基づく注文書と請書により完成品の個別売買を実行しました。つまり，契約上は，製品が完成していることが前提となっており，共同開発における各当事者の役割分担は何ら規定されていませんでした。

　しかし，取引の実態は，技術を有するX社が製品を開発し，Y社が日本向けの製品仕様の情報と開発資金3000万円を提供するという取引でした。

　X社は，日本向けの製品仕様に合った製品の開発がうまくいかず，開発資金が足りなくなり，Y社に対し1000万円の追加出資を要請しました。

　X社はそれでも開発に成功せず，さらに追加で500万円の開発資金の出資を求めてきました。Y社は共同研究開発費としての出資にすると，開発に失敗したときの返還請求が難しくなることに気づき，今回の追加分は金銭消費貸借契約を締結して，X社に貸し付けることにしました。その際に，Y社はX社から担保を取得せず，X社の社長から個人保証も取りませんでした。

　結果的に，研究開発の成果物である機器は，日本の基準に合わず販売できないことになりました。

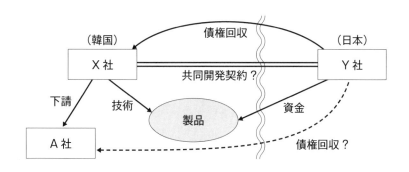

〈結　果〉

　Y社は投資資金の回収に入るべく，現地調査をしました。その結果，X社は，製品の生産を全て下請企業に請け負わせており，土地や工場もその下請企業の所有であり，X社にはめぼしい資産がないことが判明し，債権回収は困難な状況でした。

〈検　討〉

（1）契約と実態の不一致

　中小企業が業務提携を開始する際に，取引の実態と異なった契約書が締結されていたり，そもそも契約書が作成されていなかったりするケースは少なくありません。本件では，消費貸借契約に基づいて貸し付けた金銭は理論的には回収できる可能性があります。他方で，共同開発の一環として支出した開発資金については，X社が形の上では共同開発契約上の義務を履行している以上，結果的に成果物が完成しなくても，契約違反が主張できない場合は回収が難しくなる可能性が高いといえます。

　本件のように，既に当事者間で取引基本契約が締結されていると，その個別契約として別の取引が開始されることがありますが，完成品の売買契約とこれから成果物を完成させる共同開発契約は，全く異なる権利義務が生じるため，別途の契約にすべきです。

　本件における問題点は，以下のとおりです。

- ・共同開発の実態と契約書との間に乖離があったこと
- ・相手先や下請けの開発能力や財務状態を確認せずに共同開発を開始したこと
- ・開発の進行を十分確認せずに追加出資に応じたこと
- ・担保・保証を取らずに貸付けに応じたこと

　共同開発においては，長期的な信頼関係に基づき開発が行われ，失敗のリスクもあるため，相手企業の信用や能力の調査が重要です。開発の失敗を想定して契約上の手当てをし，追加出資は慎重に行うべきでした。Y社としては，開発のプロセスをX社に任せきりにするのではなく，定期的な報告を受けたり，現地で打合せをしたりし，進行状況をタイムリーに確認すべきです。

(2) 開発資金の負担

　本件のように，成果物が完成しないことを想定して，共同開発の目的や成果物の仕様については契約書上明確に規定する必要があります。当初の想定を超えて開発資金が必要になった場合に，どちらの当事者がどのように負担するかについても決めておくべきです。開発が想定したとおりに進まなかったり，仕様の変更が生じたりすることにより，開発資金が，契約締結時の予想よりオーバーすることはよくあることであり，その時点で紛争にならないようあらかじめ負担を決めるプロセスや上限額等を合意しておくことが望ましいといえます。

　費用分担を定める際には，共同開発活動における各当事者の業務内容，経費負担，開発成果の帰属・利用等を考慮しつつ，可能な限り公平に定めることが望ましいといえます。もっとも，費用を多く負担する場合にはその代わりに開発成果の帰属や有利な利用条件等を求めていくことになるので，開発費用分担はそれ単独というより，ほかの事項と一緒に交渉されるのが一般的です。

　実務上，各当事者は自ら分担した業務に要した費用を負担するとのみ定め，事後的に費用の精算を行わないことが多く見られます。業務量の偏り等により一方当事者が過分に費用を負担しなければならない場合が

考えられ，このような場合であっても，当事者間に不公平感が生じないよう，精算方法を規定しておくべきです。

　さらに，両当事者とも帰責事由がないにもかかわらず成果物が完成しなかった場合，それまでにかかった費用をどうするか，未完成品の取扱いをどうするかなどもよく問題になるので，可能な限り契約上取り決めておくべきです。

（3）共同開発か開発委託か

　本件のような場合，そもそも共同開発の形態が適当かどうかも検討すべきです。共同開発の場合，成果物の知的財産権は，特に規定しない限りそれぞれ一定の貢献をしていれば契約上共有と規定されるのが一般的です。共有の知的財産権については，第三者に譲渡やライセンスする際に相手方の同意が必要になり，その後のビジネス展開の足かせになることがあり得ます。

　Ｙ社は，共同開発といいながら，実際には製品の仕様を提示し，全ての開発資金を提供するのが役割であり，むしろ開発委託契約の形態にして，成果物の知的財産権は全てＹ社に帰属するという内容の契約交渉をすることもあり得たと思われます。もちろん，その場合，委託料の額の決定が難しくなることも想定されますが，完成品の権利関係が共有になって後日もめるよりは，契約交渉時にお互いの目的や利害関係を明確にし，シンプルな権利関係にしておいた方が望ましいという面があります。

5．成果物の特許出願をめぐる紛争〈事例㉘〉

〈経　緯〉

　電機メーカーのＸ社とＹ社は，新規商品の技術を共同開発していました。ようやく商品化の目途がつきそうになったころ，Ｙ社から，この商品については採算が合いそうもないので撤退したい，と申出を受けました。Ｘ社は，単独では量産化するのは難しい状況であったため，困惑していましたが，これ以上資金を出すわけにもいかず，契約を終了する

ことに同意しました。

　その後，X社は，Y社が共同開発した技術を単独で特許出願し，量産化の準備にも入っているという話を聞きました。共同開発を始めるにあたって，契約書では以下のとおり成果物の権利帰属について定められていましたが，成果物の特許出願の方法について何ら規定していませんでした。

共同開発の過程で生じた発明，アイデア，デザイン，著作権の保護対象となる創作，ノウハウ，又はその他の知的財産を含む共同開発の結果についての権利（以下，これら全てをまとめて「本成果」という。）は次のとおり，当事者に帰属するものとする。

(1) 本成果がX社又はY社の発明者，設計者又は創造者（以下，総称して「発明者」という。）のみによって想像又は着想されたときは，当該本成果は当該発明者が帰属する組織によって保有されるものとする。

(2) 本成果が当事者らに帰属する発明者によって共同で創造又は着想されたときは，当該本成果は当事者らによって共有されるものとする。

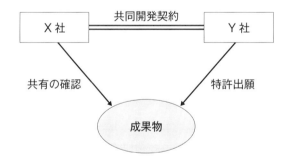

〈結　果〉

　X社に開発過程の記録が残っていたために，裁判所に成果物がX社とY社の共有であることの確認を求め，出願名義人にX社も追加されることになりました。

〈検　討〉

（1）特許出願する当事者

　共同開発契約においては，成果物の特許出願の手続をいずれの当事者が主導するか，手続に関する費用をいずれの当事者が負担するか等について，規定を置くことが一般的です。もっとも，以下のように，別途締結する共同出願契約において詳細な条件を定めることとし，共同開発契約の中では詳細に言及しないことも少なくありません。

> X社及びY社は，本共同開発の成果物のうち，共有に係る発明について特許出願を行うときは，別途共同出願契約を締結の上，共同で出願するものとする。

　特許法では，「特許を受ける権利が共有に係るときは，各共有者は，他の共有者と共同でなければ，特許出願することができない」（38条）とされています。したがって，実際に共同開発をして生み出した発明を，相手方会社が勝手に単独で特許申請をしたのであれば，たとえ共同開発を始めるにあたって契約書を交わしていなかったとしても，特許法上の措置を取ることができます。

　本件の場合，X社自らが特許権を取得するつもりがない場合には，特許庁への特許無効審判請求（特許法123条1項2号）や，不法行為に基づく損害賠償請求などが考えられます。これに対し，X社が自らも特許権を取得したいときには，Y社がまだ特許を受けていない場合には，裁判所に対し，自分も共同開発者であり，その特許を受ける権利の持分を持っていることを確認するよう求める裁判を提起し，それが認められれば，Y社の特許出願の出願人名義にX社を追加するという方法があります。また，Y社が既に特許を受けている場合には，平成23年の特許法改正により導入された移転登録手続請求（74条）を行うという方法があります。

　しかし，これらの事後的方法はいずれも，費用も時間もかかり，立証

が十分できるだけの証拠を集めるなど大変な労力もかかってしまいます。
したがって，共同開発を始めるにあたっては，特許権等の知的財産権の
出願のルールなどを明確にした共同開発契約書を交わしておくことが重
要です。

(2) 出願対象とする成果物

共同開発の成果物について特許出願を行う場合，どの成果物を対象と
するのかは大変重要です。例えば，完成品メーカーと部品メーカーとが
共同開発を行う場合に，完成品にかかわる発明についてのみ共有で特許
権を取得したとしても，部品メーカーにとっては，第三者が部品を製
造・販売することを防ぐことができないことになってしまいます。

出願対象とする成果物については，当事者の生産能力や今後の事業計
画等を十分に勘案して決定する必要があります。ただし，共同開発契約
締結の時点では，将来どのような成果物が生まれるのか見通しが難しい
ケースも多く，そのような場合，共同開発契約の締結時点で出願対象と
すべき発明を特定することは事実上困難です。そこで，共同開発契約で
は詳細を定めず，出願手続等と併せて共同出願契約で定めることも多い
と思われます。

いずれにしても，本件のような事態を避けるためには，開発終了時点
で成果物の特許出願をするかどうか，する場合はその方法や費用負担に
ついてあらかじめ合意しておくべきでした。

6. 大学との共同研究開発に関する紛争〈事例㉙〉

〈経　緯〉

ロボットの製造販売を行っているＸ社は，Ｘ社が研究開発費を負担
して，Ｙ大学との間で，新型ロボットの共同研究開発を行うことにしま
した。Ｘ社とＹ大学との間の共同研究開発契約において，成果物の特
許権は共有とし，共同で出願することとされています。Ｘ社は，成果物
が共有であるため，Ｙ大学の許諾なしに特許発明を実施できますが，Ｙ

大学は，大学という立場上，自ら実施して利益を得ることはできません。

　そこで，両者は，X社が特許発明を実施して得た利益の一部をY大学に支払う（不実施補償）ことで合意しました。

　ところが，X社は，成果物について特許出願はしたものの，その後業績不振に陥りました。X社は，成果物を商業化するには多額の費用がかかることがわかったため，特許発明を実施しないことにしました。X社が3年間実施しなかったため，Y大学は，不実施補償が得られませんでした。そのため，X社の同業であるZ社にライセンスしたいと考え，X社に同意を求めましたが，X社は拒否しました。

〈結　果〉

　Y大学は，Z社と相談して，Z社に特許法83条の請求をしてもらい，X社を含めた三者で協議し，X社とY大学がZ社に実施許諾することになりました。

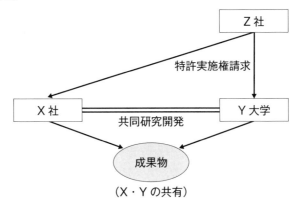

〈検　討〉

（1）不実施補償について

　本件は，産学連携でよく生じるトラブルの1つです。共同研究開発の成果物は，大学と企業の共有とされ，特許も共同出願されるのが一般的です。本件の成果物も共有とされましたが，契約上特段の規定がない限り，X社もY大学も，相手方の同意なく実施することができます（特許

法73条2項)。また，相手方の同意がなければ第三者に譲渡やライセンスすることはできません（同条3項)。このような状況で，Y大学は，大学という立場上自ら実施して利益を得ることができず，X社の同意なしに第三者に譲渡やライセンスしてその対価や実施料を得ることもできません。

そのため，Y大学は，本件のように不実施補償という形で，X社が受ける利益の一部をランニングロイヤルティ（製品の売上げ又は利益の一定割合）として，還元してもらうことにしました。X社としては，多額の研究開発費を投じているので，不実施補償については拒否したかったのですが，Y大学との関係が悪化し，同業であるZ社とY大学が共同研究開発をすることは避ける必要があったため，不実施補償に同意することにしました。

しかし，X社は，その後業績不振のために多額の製造コストのかかる本件特許発明を実施することを中止してしまいました。Y大学としては，X社が実施しない限り不実施補償は入ってこないので，第三者にライセンスすることを検討しましたが，X社の同業のZ社しか候補が見つかりませんでした。Y大学がZ社へのライセンスについてX社に同意を求めたところ，X社はこれを拒否しました。

(2) 特許権実施請求について

そこで，Y大学は，この事態を打開する方策として，特許法83条の不実施裁定制度の活用を考えました。この制度は，特許発明の実施が継続して3年以上適当にされていないときは，特許権者に対して，第三者が通常実施権の許諾を求められるとするものです（ただし，特許出願から4年経っていない場合はその限りではありません。）。協議が不調の場合，特許庁長官に対して裁定を求めることができます。本件では，裁定に至る前にX社，Y大学，Z社の間で協議が整い，裁定請求は取り下げられました。X社としても，業績不振のため本件特許を収入源とできるメリットを感じて協議に応じることになりました。

近年，産学連携が増えていますが，企業も大学も共同研究開発のリス

クをよく検討せずに進めている面があります。本件のように，研究開発の成果物の活用についてトラブルになることも多く，お互いの立場を理解して合理的な解決を図るべきです。

7. 共同研究の公表に関する紛争〈事例㉚〉

〈経　緯〉

　X社は，Y大学との間で共同研究契約を締結し，研究費用の全額をX社が負担し，成果物の特許権はX社に帰属し，X社が単独で特許出願するという合意をしました。

　また，共同研究の成果の公表については，以下の合意がなされました。

> X社及びY大学は，共同研究の成果を公表又は第三者に開示しようとするときは，その内容，時期，方法等について，事前に相手方から書面の承諾を得るものとする。

　Y大学は，共同研究終了から6か月後に，学会において成果を公表したいとX社に同意を求めました。X社は，成果について特許出願の準備中で，Y大学による公表は拒否したいと考えています。

　また，Y大学の担当教員は，契約上，成果がX社の単独名義になっているにもかかわらず，教員の貢献度は契約締結時の想定以上であったなどと主張して，X社に対し一定の対価を要求してきました。X社としては，今後の研究協力に支障が出ては困るので，Y大学の要求を無下に断ることもできない状況です。

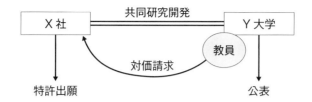

〈結　果〉

　X社は，学会の発表については，参加者を限定するクローズドの会とし，全員から秘密保持の誓約を取得することを条件に承諾しました。その代わり，Y大学の教員からの対価の要求については，契約書の条項を説明して，X社に支払義務がないことを納得してもらいました。

〈検　討〉

（1）大学の貢献と権利帰属

　本件のように，研究費の全額をX社が出したときは，成果物の知的財産権がX社に帰属するという合意もあり得ますが，多くの共同研究契約では企業と大学の共有とされています。大学としては，共同研究の成果はそれまで大学が莫大な費用と時間をかけて研究してきた成果であり，大学の高度な施設を使って共同研究するのだから，知的財産権は大学に帰属するか，共有にすべきであると考え，大学の受託契約のひな形もそのようになっているのが一般的です。

　そのため本件のように，大学として，企業に知的財産権が単独で帰属することに合意しても，教員から企業に対し，大学の貢献を主張して，一定の対価の支払を求められることがあります。企業としても，製品の実用化や今後の研究開発に協力してもらうため，大学の教員とは良好な関係を続けたいと考え，一定の支払に応じることもあります。いずれにしても，大学は契約交渉に慣れていないことが多く，後になって契約内容と異なった主張をしたり，大学内で意見が異なったりするので，企業

179

としては注意が必要です。

(2) 成果の公表

　本件では，Y大学が共同研究の成果について公表しようとするタイミングで，権利帰属についても争いになったため，両方を合わせて解決することになりました。Y大学としては，学会で報告することは大学の社会的使命と考え，以下のように一定期間後はY大学が自由に公表できる規定を求めることがあります。

> X社及びY大学は，本共同研究完了の翌日から起算し6か月以降，本共同研究の成果について，発表又は公開することができる。

　本件では，契約上相手方の同意が必要とされていたので，X社は，特許出願に悪影響がないように，参加者を限定する，参加者から秘密保持の誓約書を取るなど一定の制限を付した上で，公表に同意することにしました。

　なお，特許法には新規性喪失の例外規定（特許法30条）が設けられています。これは，公開した発明であっても，定められた例外期間内に定められた手続に従って特許出願すれば，新規性を喪失したことにならないというものです。2018年6月9日以降の出願については，この例外期間が6か月から1年に延長され，より利用しやすくなりました。

　しかし，あくまでその公開により新規性を喪失したことにならないというだけであって，出願日自体を遡らせることはできません。そのため，学会での公開から特許出願までの間に，他人が自ら発明して先に特許出願したり公開したりした場合には，X社は特許を受けることはできませんので，例外規定を利用する場合であっても，できるだけ早く出願する必要があります。また，新規性喪失の例外規定の有無や内容は国によって異なりますので，外国出願を検討している場合にも注意が必要です。

8.　契約終了後の技術流出の事例〈事例㉛〉

〈経　緯〉

　植物工場を運営するX社は，IT企業であるY社と共同開発契約を締結し，完全人工光型植物工場を開発することにしました。しかし，植物工場のノウハウ開示が足りないなどX社による協力が不十分であったため，開発は失敗に終わり，契約を終了することにしました。

　その1年後，Y社の技術者Aが退職することになり，上司がその辞める理由を不審に思ってAのパソコンを調べたところ，X社に転職しようとしていることが判明しました。さらに社内のサーバーへのアクセスを調べたところ，Aが大量の秘密情報をコピーしていた事実も見つかりました。AはX社の関与は否定し，X社もAを勧誘していないと主張しています。

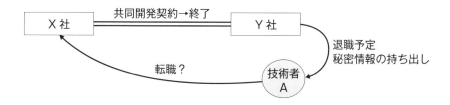

〈結　果〉

　Y社は，Aに対し，不正競争防止法違反で刑事告訴することや，懲戒解雇にすることも検討しました。しかし，現実の損害が発生していなかったことや，それまでのAの功績を考慮して，1年間の競業避止義務と厳格な秘密保持義務を課す誓約書を書かせ，諭旨解雇にすることにしました。

〈検　討〉

（1）従業員の引き抜き

　本件のように，従業員が退職して競合他社に転職することはよくあり

ます。特に他社とアライアンスによって一緒に働く機会がある場合には，隣の芝生が青く見えてしまうこともあります。就業規則や誓約書に競業避止義務が規定されていなければ，会社が従業員の転職自体を労働契約違反だと主張することはできません。そのため，重要な秘密情報を扱う従業員などとは，退職後にも競合会社に転職しない等の競業避止義務を規定した誓約書を交わしておくべきです。

　また，従業員が退職の際に何人かの部下を引き抜いてやめることもよくあることです。これも部下が自由意思でついてくる場合は違法とはいえませんが，管理職の立場にある従業員が，多数の部下に対して強引な説得をして，会社に損害を与えるような形で引き抜くことは会社に対する不法行為になることがあります。また，そのような引き抜き行為にX社が加担していた場合は，共同不法行為となる場合もあります。

　本件では，X社は引き抜き行為への関与を否定していますが，共同開発契約に特に規定がなかったので，技術者Aが転職を希望した場合にそれを受け入れること自体が契約違反になるわけではありません。契約違反といえるためには，X社が積極的に引き抜きを行い，Y社との信頼関係を破壊するような行為をしたことが必要になります。Aの転職自体がX社の契約違反であると主張しやすいよう，以下のような条項を入れておくこともあります。

X社及びY社は，本契約期間中及び契約終了後2年間は，直接間接を問わず，相手方の役員又は従業員を勧誘し，相手方からの退職を促し，あるいはその他何らの働きかけも行わないものとする。

（2）秘密保持について

　従業員が秘密情報を競合他社に持ち出すことは，就業規則や秘密保持誓約書の違反になります。しかし，秘密保持義務違反と損害の因果関係や実際に被った損害額を立証することは簡単ではなく，差止めもほとんど認められません。

　そこで，差止めや刑事罰があり得る不正競争防止法違反を主張することが従業員に対する牽制としては効果があります。同法違反になるためには，秘密情報が同法の規定する「営業秘密」に該当する必要があります。その要件は，秘密として管理されていること，公知の情報でないこと，事業活動にとって有用であることです。特に秘密管理性が問題になることが多いので，経済産業省が公表している営業秘密管理指針などを参考にして，しっかり秘密として管理することが重要です。

　本件では，アクセス制限をかけ，秘密であることが明示されていた秘密情報に，技術者Aが不正にアクセスしたことが判明したので，秘密保持義務違反も不正競争防止法違反も認められる可能性が高い事案でした。しかし，秘密情報は，実際にX社には流出しておらず，Y社に現実の損害は発生していなかったのと，Y社としては引き続きX社とアライアンスを継続するメリットが大きかったので，法的手段を取るのは控えることとしました。他方で，技術者Aとの間では，1年間の競業避止義務と厳格な秘密保持義務を規定した誓約書を交わすことにしました。その際Y社は，技術者Aを懲戒解雇にすることも検討しましたが，これまでの功績や解雇の有効性を争われるリスクを考慮して，本人から退職届を出させ，退職金の一部も支給する形で諭旨解雇（懲戒解雇相当であるが自主的な退職扱い）にしました。

　技術者Aが転職すること自体を法的にいつまでも止めることはできません。本件では，営業秘密への不正アクセスという違法行為があったため，1年程度の競業禁止は問題ないと考えられますが，十分な退職金も払わずに長期（目安として2年以上）の競業禁止を合意しても無効になるおそれがあります。秘密保持義務を守らせる手段として，競業禁止は有効な手段ですが，職業選択の自由との関係で不合理に長期間にわたる禁止は認められません。

(3) 不正調査について

　技術者Aが行ったような不正行為の調査としては，本件のようにパソコンやサーバーに残っているデータのチェックや関係者へのヒアリン

グなどを行います。しかし，転職者は証拠を残さないように秘密を持ち出そうとすることが多く，パソコンや携帯電話の記録は消去されていることもあります。デジタルフォレンジックの専門会社に消去されたデータの復元を依頼することもできますが，時間と費用がかかります。

　本件ではサーバーにアクセス記録が残っていたので本人を問いただせましたが，痕跡が残っていないとしらを切りとおされるおそれもありました。早期に適切な方法で調査することが大事になります。

9. データ提供が問題になった事案〈事例㉜〉

〈経　緯〉

　ヘルスケア製品メーカーであるＸ社は，新興のスポーツジムを運営するＹ社と提携し，個人の健康に関するデータの提供を受け，その解析を行って新製品を共同開発することにしました。

　Ｙ社は，利用者の健康に関するデータを活用して，その人に合ったトレーニングメニューを提案したり，マシーンを調整したりすることを売りにしており，利用者からもその同意を取っていました。

　しかし，Ｘ社のような第三者にデータを提供することの同意は取っておらず，利用者から個人情報保護法に違反する旨のクレームを受けました。Ｘ社とＹ社は，共同開発のプロセスを一旦停止し，今後の進め方を協議することにしました。

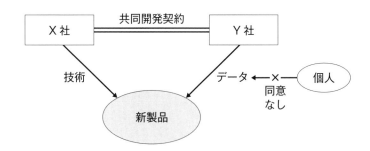

〈結　果〉

　Y社は，利用者の多くから同意を取得することは難しいと判断し，個人が特定されない形の「統計情報」として提供することにしました。

〈検　討〉

（1）共同開発と個人データ

　データの利活用を伴う共同開発は増えており，本件のように個人情報の取扱いが問題になったり，営業秘密や限定提供データが含まれていてトラブルになったりするケースが少なくありません。

　個人情報を含むデータを第三者に提供する場合は，原則として本人の同意を取得する必要があります（個人情報保護法23条1項）。本件のようなケースで，本人の同意を取得しなくても第三者に提供できる場合として以下があります（詳細については第1編第1章第2の2（2）②参照）。

　①オプトアウト

　②共同利用

　③委託

　①，②は，情報の取得に本人に明示した利用目的において，①は第三者へ提供すること，②は共同利用を行うことをそれぞれ定める必要があります。定めていない場合は利用目的の変更について本人の同意が必要になりますが，本件のように本人からクレームが来てから同意を取るのは現実的ではありません。しかも，本件では健康に関する情報の中には「要配慮個人情報（本人の人種，信条，社会的身分，病歴，犯罪の経歴等不当な差別，偏見その他の不利益が生じないように取扱いに配慮を要する情報）」が含まれている可能性がありますが，このような情報には①は適用されません。また，③は自社の業務の一部を第三者に代わりに行わせるものなので，本件には該当しません。

　そこで本件では，Y社はデータを「統計情報」の形にしてX社に提供することにしました。「統計情報」とは，複数人の情報から共通要素に係る項目を抽出して同じ分類ごとに集計して得られるデータであり，集団の傾向又は性質などを数量的に把握するものです。特定の個人との

対応関係が排斥されている限りにおいては,「個人情報」に該当しないため, 個人情報保護法の規制の対象外と考えられています。

　なお,「匿名加工情報」にして提供することもあり得ます。「匿名加工情報」とは, 特定の個人を識別することができないように個人情報を加工し, 当該個人情報を復元できないようにした情報のことをいいます。しかし, どの程度加工すれば特定の個人を識別できなくなるかの基準が難しく, 遵守すべき義務も多いため, 本件では用いないことにしました。

(2)　契約上の手当て

　X 社としては, 以下のように Y 社から提供されるデータに個人情報が含まれていないことを Y 社に保証させるべきです。

> Y 社は, 提供データに個人情報保護法に定める個人情報, 匿名加工情報その他の個人情報に関する情報が含まれていないことを保証する。

　個人情報保護法上の「個人情報」に当たらない場合であっても, プライバシー侵害の問題や, 利用方法, 漏洩等によるレピュテーションリスクも考えられます。X 社としては, 共同開発に必要のない個人情報の提供は受けない方が安全です。

　また, 個人情報の提供が必要な場合であっても, 適法な取得, 取扱いや提供のための手続を行っていることを Y 社に保証させるべきです。そのためには, 以下のような条項が考えられます。

> 1. Y 社は, 本目的の遂行に際して, 個人情報保護法に定める個人情報又は匿名加工情報（以下「個人情報等」という。）を含んだ提供データを X 社に提供する場合には, 事前にその旨を通知する。
> 2. 本目的の遂行に際して, Y 社が個人情報等を含んだ提供データを X 社に提供する場合には, その生成, 取得及び提供等について, 個人情報保護法に定められている手続を履践していることを保証する。

　さらに，X社としては，以下のように，Y社にその情報取得の方法や適法性について広く保証させることも検討すべきです。提供データに第三者の知的財産権や営業秘密等が含まれている場合，提供者が当該第三者から適切な利用許諾を受けていなければ，X社が第三者から差止めや損害賠償を請求されるおそれがあります。

---

1. Y社は，提供データが，適法かつ適切な方法によって取得されたものであり，第三者の知的財産権その他の権利を侵害していないこと及びY社が提供データに対する正当な権利を有することを保証する。
2. Y社は，提供データに第三者の営業秘密及び限定提供データが含まれていないことを保証する。

<h1>第4章　生産提携に関する事例</h1>

1. 制作物の特定が足りなかった事例〈事例㉝〉

〈経　緯〉

　出版会社のX社は，データ制作会社のY社との間で，画像データの制作委託契約を結びました。制作物の仕様書の一部には，以下の記載がありました。

・可読であること
・画像データの色調，明るさ，コントラストが原資料に忠実であること
・階調が十分に再現されていること
・欠損，汚損がなく，正しくスキャニング，トリミング及び回転補正されていること

　Y社は，制作物を完成させて納入したとして，委託料の支払を求めました。それに対し，X社は，制作物は仕様書を満たしていない不完全履行であり，X社で作業をやり直すことになったとして，債務不履行に基づく損害賠償請求を求めました。

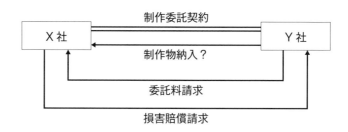

〈結　果〉

　Y 社の請求は，X 社から委託された業務の一部が不履行であり，制作物が未完成であるとして認められず，X 社の請求も債務不履行の範囲及び程度が明らかでなく，損害との間に相当因果関係が認められないとして，どちらの請求も棄却されました。

〈検　討〉

(1) 制作物の特定の必要性

　生産提携においては，制作物の特定が不十分であると，本件のように完成した制作物の納品があったかどうかの争いが生じます。納品が認められないと委託料の支払も受けられません。また，納品後にも，検収の合否，契約不適合責任，品質保証などに関して紛争が生じるおそれがあります。

　本件は，東京地裁平成 26 年 3 月 26 日判決を参考にしています。同判決では，仕様のうち上記部分は「定性的で抽象的なものであり，これによって仕様が一義的に確定するとはいえないから，このような仕様の合意では，社会通念上の作業水準であることを要するが，これで足りると解される」とし，委託者が「具体化したいというのであれば，要件を定量化するなど具体的に指示することを要する」と判示しています。

(2) 制作物の特定方法

　制作物の特定の仕方は，委託する業務や制作物の形態等によって異なります。制作物が有体物であれば，その設計図を添付したり，要求する機能を具体的に数字で列挙するなどして特定します。本件のように，無体物である画像の場合には，定量的な基準を設けるか，サンプル画像を特定して具体的な要求水準を明確にする必要があります。例えば，以下のような規定にすることが考えられます。

> ・文字が100%可読であること
> ・画像データの色調，明るさ，コントラストがサンプル画像●●を下回らないこと
> ・階調がフルカラー●ビットであること
> ・スキャニング，トリミング及び回転補正についてX社の指示どおり行われていること

　もっとも，契約書作成時点では，制作物や業務内容の具体的な特定が困難な場合もあります。特に長期にわたる業務や開発的要素のある業務の場合，契約の途中で仕様が具体化したり，ニーズに応じて変更することがあります。そのような場合は，当事者間で進捗に応じて制作物や業務内容を確認し，覚書や議事録等の形で合意した内容を記録に残しておくことが，将来の紛争を防ぐことにつながります。

　逆に，Y社が提供するデータの品質について保証しない場合は，以下のような条項を規定します。

> Y社は，制作物についての正確性，完全性，安全性，有効性を保証しない。

　また，Y社が制作物のサンプルデータを提供し，X社がそれを用いた実証を行った上で納入完了にすることも考えられます。

(3) やり直しの問題点

　本件ではX社が自らやり直していますが，X社がY社に対し，やり直しを求めるケースもよくあります。X社が取引上優越した地位にある場合は，委託者による優越的地位の濫用として，独占禁止法上問題になる可能性があります。本件では制作物の仕様が明確でなかったため，X社がY社に対し不合理なやり直しを求めると，以下の規定に該当し，

違法となるおそれがあります。

　「受託者が委託者に対し仕様ないし検査基準の明確化を求めたにもかかわらず，正当な理由なくこれを明確にしないまま，仕様等と異なることや瑕疵があることなどを理由として，受託者にやり直しをさせる場合」（役務の委託取引ガイドライン第 2.4.（2））

2.　受入検査をめぐる紛争〈事例㉞〉

〈経　緯〉

　X 社は Y 社に対し，精密機器の部品の製造を委託しました。X 社は Y 社から納品された部品を製造委託契約の以下の規定（改正前民法による）に従って検査し，特に問題がなかったので合格の通知をし，検収が完了しました。

第●条　（検査）

1.　X 社は本部品の受領後●日以内に，本仕様等に基づき受入検査を行い，同検査の日より●日以内に乙に対して合格又は不合格の通知を行わなければならない。

2.　X 社は，前項の検査により本部品につき瑕疵（本仕様等との不一致及び当然有すべき品質を欠いていることをいう。）又は数量不足等を発見したときは，直ちに理由を記載した書面をもって Y 社に不合格の通知をしなければならない。本通知がなされないまま前項の期間が経過したときは，本部品が検査に合格したものとみなす。

3.　Y 社は，検査の結果不合格になったものについては，Y 社の費用負担で引き取り，X 社の指示する期限までに代品納入を行わなければならない。

　ところが，X 社がその部品を組み込んだ最終製品を市場で販売したところ，クレームが続出し，その約 3 割の製品に本部品の欠陥による不具合が見つかりました。X 社はそれらの製品をユーザーから回収せざるを

得ませんでした。そこでX社は，製造委託契約の以下の条項に基づき，Y社に対し損害賠償を請求することにしました。

第●条　（品質保証）

　Y社は，本部品の品質，規格，数量，表示等について，関係諸法規を遵守していること及び本仕様等に従っていることを保証する。

第●条　（瑕疵担保責任）

1. 検査完了後1年以内に瑕疵が発見された場合，X社はY社に対して，当該瑕疵の修補又は代品の納入を求めることができる。代品の納入について生じた費用はY社の負担とする。

2. Y社の責めに帰すべき事由により合理的な期間内で瑕疵が修補又は代品の納入ができない場合，当該瑕疵に関して委託者が被った損害について，受託者は損害賠償の責めを負う。

　Y社は，本部品の検収から1年以上経過しており，瑕疵担保の規定は適用されない，また，品質保証については違反していないと反論しました。

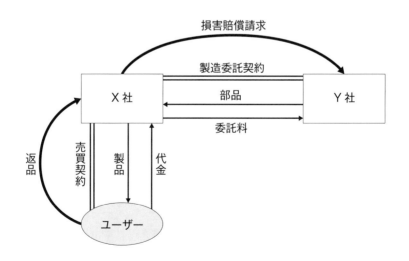

〈結　果〉
　訴訟において，契約の文言解釈は争いの余地がありましたが，Ｙ社としては文言が明確ではなく，約3割の製品に本部品の欠陥による不具合があった事実を考慮して，Ｘ社有利の和解をすることになりました。

〈検　討〉
（1）検査，品質保証と瑕疵担保
　製造委託契約においては，製品の納入後に検査が行われ，それに合格したら検収が完了するのが一般的です。検収後に問題が生じたときに関係する条項は，品質保証と瑕疵担保の規定になります。両規定のカバーする範囲，期間違反の効果を明確に区別して規定しておかないと，本件のような紛争になったときに解決のために役立たないことになります。裁判になった場合，企業間取引において契約上明確な免責規定があれば，それに従って判断されるのが原則です。ただし，独占禁止法の優越的地位の濫用や公序良俗違反になるような特殊な状況は別です。本件では品質保証の規定があいまいであり，不具合の割合も多かったため，裁判所は利益考量をして，Ｘ社有利の和解を勧めました。
　本件においても，Ｘ社が検収の際にもっと慎重に検査していれば部品の欠陥を発見できたかもしれません。そうすれば，損害が大きくなる前に事態を改善できた可能性もありました。両者は，契約交渉の際にも，検査の項目，プロセス，期間等が十分かどうかチェックすべきでした。
　また，瑕疵担保の規定についても，「瑕疵」の内容，期間，違反の効果などを明確に規定すべきでした。検収で発見されなかった瑕疵について，請求できる期間が限定される以上，ユーザーから来たクレームについてその期間までに瑕疵にあたるかどうか精査すべきでした。
　さらに，品質保証についても，より具体的に規定し，請求できる期間や違反の効果についても明記しておくべきでした。品質保証については，Ｙ社としては一定期間経過後に品質の範囲を限定して有償で保証するという選択肢もあります。

(2) Y社の責任限定

　Y社としては，このような責任を負うことを避けるためには，受入検査に係る条項と品質保証に係る条項とを合わせて，担保責任について以下のような限定的な内容にすることが考えられます。

---

(1) Y社は，X社に対し，本部品が両者合意の上定める製品仕様（以下「本仕様」という。）を満たすことのみを保証するものとし，その他一切の保証は行わない。Y社は，かかる保証をX社による本部品の検収から6か月間に限り行うものとする。かかる保証の違反があった場合，X社は，第2項の規定に従った場合に限り，Y社の選択に従い，当該保証違反にかかる本部品に関する個別契約の解除又は損害賠償の請求のみ行うことができ，他のいかなる請求も行うことはできない。

(2) X社は，本部品に瑕疵（本仕様を満たさないことをいう。以下同じ。）又は数量不足を発見したときは，当該発見日を含めて●営業日以内にY社に対してその通知をしなければ，その瑕疵又は数量不足を理由とするY社に対するいかなる請求もすることができない。

---

(3) 改正民法の留意点

　改正民法により，請負における担保責任についての民法636条の「瑕疵」という文言が，売買における担保責任と平仄を合わせる形で，「種類又は品質に関して契約の内容に適合しない」（改正民法636条）に変更されました（契約不適合責任）。改正民法下での合意であれば，「瑕疵」の文言を「契約の内容に適合しないものである場合」」等と修正することが考えられ，「契約の内容」についての当事者の認識（製品の規格，品質，性能，形状，サイズ，仕様等）を明確に規定しておくべきです。

　また，改正民法により，契約不適合による責任追及の方法が拡充されました。追完請求，報酬減額請求，損害賠償請求，契約解除が規定されていますが，取引の実態に合わせて契約上で別途の規定を設けるかどうか検討すべきです。紛争を避けるためには，追完方法の指定（修補，代

替物の引渡し，不足分の引渡し等）や，報酬減額の具体的な計算方法についても規定しておくとよいでしょう。また，責任追及の期間は，委託者が契約不適合を知ってから1年以内とされていますが，受託者としては，期間を限定するために「製品の検収又は引渡しから●か月以内」というように規定したいところです。

3. 品質保証・アフターサービスに関する紛争〈事例㉟〉

〈経　緯〉

　機械商社のX社は，機械メーカーのY社との間で製造委託契約を締結し，Y社の製造した製品（以下「本製品」といいます。）をエンドユーザーに販売していました。販売から2年ほどしてから，本製品の一部の部品に品質不良が次々に発生し，エンドユーザーから部品交換の要求が来ました。X社とY社の間の契約には，納入から6か月間に限り瑕疵担保責任が規定されていましたが，その後の品質保証に関する規定はありませんでした。X社は，エンドユーザーに対する3年間の品質保証をしていました。

　X社は，Y社に対し，部品の交換を要求しましたが，Y社は，部品の在庫はないので，有償でなければ供給できないと回答しました。

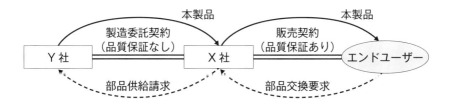

〈結　果〉

　X社は，エンドユーザーとの関係で急いで部品を供給する必要があり，Y社から有償で購入することにしました。その代わり，変更契約を締結し，今後Y社に対し，工場への立入りや部品確保について約束させま

した。

〈検　討〉

(1) 品質保証と部品交換

　本件のそもそもの問題は，Ｘ社とエンドユーザーとの間の販売契約上の品質保証と同様の規定が，Ｘ社とＹ社との間の製造委託契約に含まれていなかったことにあります。Ｘ社のように商流の間に入る会社は，仕入れと販売の両契約の条件が，自社に不利になることがないか確認することが必要です。

　本件では，Ｘ社がエンドユーザーとの間で本製品の品質保証をし，部品の交換をする義務がある以上，Ｙ社にその交換を要求することにしました。しかし，Ｙ社は，契約上部品の交換に応じる義務はなく，部品の在庫もないため，新たに製造した部品を有償で供給することを求めてきました。Ｘ社としては，他に代替品も見つからないため，やむを得ず，有償での供給に合意せざるを得ませんでした。

　Ｘ社としては，今後も同じようなことが起こらないように，製造委託を続けるための条件として，品質管理体制の強化と工場への立入権を求めました。Ｙ社としても，製造委託を止められる事態は避けたかったため，以下の条項に同意しました。

> Ｘ社は，Ｙ社の品質管理体制及び生産能力を確認するために，必要に応じて，Ｙ社の工場に立ち入ることができるものとする。ただし，Ｘ社は，かかる立入りを実施しようとする場合には，Ｙ社に対して，事前に通知し，かつ，Ｙ社の業務に支障を来さないよう最善の配慮をするものとする。

　また，直ちに部品交換ができるように，以下のとおり，Ｙ社のアフターサービスや部品供給義務を定めることにしました。

1. Y 社は，第●条に定める補償義務を履行するため及び X 社からの需要に対応するために，第●条に定める受入検査後 3 年間，X 社に供給した本製品のための交換又は補修用の部品を製造し，保持しなければならない。

2. 本契約第●条に定める Y 社の保証義務の履行としてなされる場合を除き，X 社及び X 社の再販先に対する本製品のアフターサービス（部品の供給を含む。）は，X 社の費用をもって X 社において行うものとする。ただし，X 社は，Y 社に対して，本製品の補修を有償にて依頼することができる。

3. Y 社は，X 社に対し，前項に定める X 社のアフターサービスに必要な技術資料を無償で提供する。

(2) エンドユーザーとの関係

　本件では，X 社は，エンドユーザーが部品交換を必要とした理由が Y 社の責によることを主張して争う余地はありました。しかし，X 社は，直ちに代替部品を供給しないと，エンドユーザーに多額の損害が発生するおそれがあり，責任の所在を争っている時間がありませんでした。

　X 社としては，販売契約において，本製品がどのような用途で使われるか，アフターサービスがどの程度必要か，そのための部品はどう確保するのかなど，ビジネスの実態を理解した上で，製造委託契約の中に必要な条項を規定しておくべきでした。契約書の作成やレビューにおいては，その取引の実態をよく理解するとともに，関連する他の契約書との関係で自社に不利にならないか，矛盾が生じないかなどにも注意すべきです。

4.　委託料の返還をめぐる紛争 〈事例㊱〉

〈経　緯〉

　東京の機械メーカー X 社は，福岡の部品メーカー Y 社と製造委託販

売契約を締結しました。そのきっかけは，X社社長とY社社長が一緒にゴルフをする機会があり意気投合したことでした。X社社長は，Y社社長から自社の工場を案内され，この設備なら安心して製造を任せられると考え，生産提携を開始することにしました。

　X社は，Y社に対し，3000万円の部品の製造を発注することにしましたが，Y社は，設備の改良と原材料の調達が必要なので，契約締結時に委託料の前渡金として1000万円の支払を求めました。X社社長は，Y社社長を信頼していたためこれを受け入れ，契約締結と同時に前渡金を支払いました。

　ところが，Y社は納期になっても部品を納品せず，X社が催促しても言を左右にして応じようとません。X社は，Y社の契約違反を理由に代理店契約を解除し，前渡金の返還と得べかりし利益（納期に納品されていたら得られたであろう利益）の損害賠償を請求することにしました。

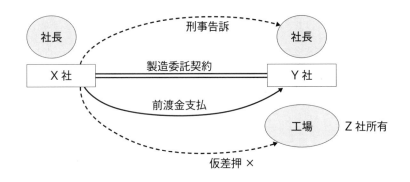

〈結　果〉

　X社が調査したところ，Y社は資産をほとんど有しておらず，X社社長が見学した工場はY社の関連会社であるZ社の資産であることが判明しました。X社は，費用対効果を考え，裁判での回収は諦め，詐欺での刑事告訴を検討することにしました。

〈検　討〉

（1）アライアンスの当事者

　トップ同士の人間関係で始まるアライアンスは，交渉がスムーズに進んでよい成果に結びつくこともありますが，本件のように調査検討が不十分で問題が生じることも少なくありません。本件の最大の問題は，X社社長が，Y社社長を信頼して，Y社の財務状態等を確認せずに契約を結び，前渡金を支払ってしまったことです。

　X社は，事前にY社の履歴事項全部証明書（商業登記簿）や，工場の不動産登記簿を確認すれば，Y社が生産提携の相手方として適切でないことに気づくことができたはずです。その時点で信頼関係が保てなければ，アライアンスをやめるべきでした。

　仮にアライアンスを開始する場合でも，前渡金の減額交渉や前渡金返還請求権の保全を考えるべきでした。保全の方法としては，Z社を契約当事者に入れる，Y社の社長の連帯保証を取る，工場に担保権を設定するなどが考えられます。

（2）前渡金の返還請求

　Y社が部品を製造していないことがわかったX社は，前渡金の回収を図ることにしました。めぼしい資産である工場に対する仮差押えを検討しましたが，契約締結時から工場はZ社の資産であり，Y社とZ社は完全な別法人であったため，詐害行為取消権や法人格の否認を主張することは不可能でした。

　このように，ほとんど資産を有しない会社から民事訴訟で損害を取り戻すことは簡単ではないため，X社は，Y社社長を詐欺罪で刑事告訴することにし，その示談交渉の中で債権回収を目指すことにしました。詐欺罪が成立するためには，欺罔行為（人を欺いてだます行為）の立証が必要ですが，契約締結時にはだますつもりはなかったという反論がよくなされます。

　本件ではX社がY社の信用調査を行ったところ，過去にも契約不履行で問題になったケースや，Y社社長の脱税事件などが見つかりました。

Y社社長との契約締結までのやりとりを考えると，Y社は当初からX社をだますつもりで契約を締結したと考えられました。そのため，Y社社長は，刑事裁判になることを避けるために，まとまったお金を用意して示談交渉をしてくる可能性があります。

　警察は，一般的には，企業間取引が関連する事件の立件には消極的ですが，Y社社長には過去に脱税事件があったことや類似の詐欺事案があったことから，X社が告訴し，捜査に協力すれば起訴まで進む可能性はあります。X社は詳細な告訴状を作成し，Y社とのやりとりのメールや通話記録などの証拠を整理して警察に提出することにしました。

5. 製造物責任に関する紛争〈事例㊲〉

〈経　緯〉

　機械メーカーのX社は，部品メーカーのY社に対し，機械部品の製造を委託しました。X社は，Y社の部品を組み込んだ機械を販売したところ，部品の欠陥が原因と思われる事故が発生し，当該部品を組み込んだユーザー所有の機械や工場設備に損害が生じました。

　事故の被害者であるユーザーは，理論上はX社に対して，売買契約の目的物に欠陥があったとして債務不履行責任を追及することもできますし，Y社に対し，製造物責任を追及することもできます。しかし，ユーザーは機械の部品をY社が作っていることはわからなかったので，機械を販売したX社に損害賠償請求することにしました。X社は，Y社に相談することなくユーザーに和解金を支払うとともに，その部品が使われた機械を回収することにしました。

　X社とY社との間の製造委託契約書には，以下の条項が規定されていました。

1. Y社は，本部品の欠陥により第三者の生命，身体又は財産に損害が生じた場合には，かかる損害を賠償する責任を負うとともに，これによってX社に生じた損害（原因究明，当該第三者との間の紛争解決並びに市場からの本部品の回収及び補修等に合理的に要した費用（弁護士費用を含む。）等）を賠償する責任を負うものとする。

2. 前項にかかわらず，以下のいずれかに該当する場合には，Y社は前項の責任を負わないものとする。

   (1) 検品合格時における科学又は技術に関する知見によっては，本部品にその欠陥があることを認識することができなかったことをY社が証明した場合

   (2) 本部品がX社の製品の部品又は原材料として使用された場合において，その欠陥が専らX社の行った設計に関する指示に従ったことにより生じ，かつ，その欠陥が生じたことにつきY社に過失がないことをY社が証明した場合

　X社は，Y社に対し，ユーザーに支払った和解金と回収にかかった費用相当額の損害賠償を請求してきました。Y社は，欠陥はX社の行った設計に関する指示に従ったことによって生じ，かつ自社に過失はなかったと考えています。

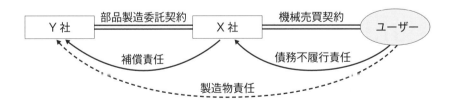

〈結　果〉

　X社とユーザーが既に和解してしまったため，Y社が欠陥が生じた原因を立証することは難しく，Y社としては今後のX社との関係も考慮して，X社の請求に近い金額で合意せざるを得ませんでした。

〈検　討〉

（1）製造物責任について

　Y社が製造者である場合，Y社は，製造物責任法に基づいて製造物の欠陥（当該製造物が通常有すべき安全性を欠いていること）について製造物責任を負うことになります。同法は他人（ユーザーなど）の生命，身体又は財産に損害が発生した場合における，これらの人に対する製造業者の責任を定めるものであり，X社のY社に対する責任追及や，X社・Y社間の責任分担について規律するものではありません。ユーザーは，X社の売主としての責任と，Y社の製造者としての責任のいずれも追及し得ることになります。

　このため，X社としては，X社が，売主としてユーザーの損害を賠償したときに，Y社に対して十分な責任追及ができるようにするために，契約上であらかじめ責任分担等を規定しておくことが望ましいといえます。具体的には，上記条項第1項のように，損害の範囲には，X社がその顧客（ユーザー）に対して支払った損害賠償額のほか，原因調査費用，リコール費用，被害者との紛争解決に要した費用（弁護士費用等）等が含まれることを定めておくべきです。

（2）責任を限定する規定

　これに対して，Y社としては，X社に対する責任の範囲が無限定に拡大することを避けることが必要です。そのための方法としては，例えば，①損害の範囲を通常損害や欠陥に直接起因する損害のみに限定する，②欠陥の発生につきY社に故意・（重）過失がある場合に限定することなどが考えられます。具体的な条項例としては，例えば以下のようなものが考えられます。

> 　Y社は，本製品の欠陥により第三者の生命，身体又は財産に損害が生じた場合には，かかる損害のうち，当該欠陥により現実に生じた直接かつ通常の損害についてのみ，X社に賠償する責任を負う。

> Y 社は，本製品の欠陥により第三者の生命，身体又は財産に損害が生じ，当該欠陥の発生につき自らに故意又は重大な過失が存在する場合についてのみ，X 社に賠償する責任を負う。

　また，Y 社としては，製造委託により受け取る委託料より高い補償請求をされることは避けたいところです。そのため，強い立場で交渉できるのであれば以下のように上限額を規定することが考えられます。

> Y 社は，本製品の欠陥により第三者の生命，身体又は財産に損害が生じた場合には，業務委託料の金額を上限として，X 社に賠償する責任を負う。

　X 社としては，ユーザーとの関係で早期に円満に解決することを望むため，後日ユーザーへの損害賠償額や回収費用を Y 社に対し補償請求できる場合には，Y 社の同意なしに和解や回収を行うおそれがあります。そのような場合，後になって Y 社が欠陥の有無や発生原因を立証することは困難になる可能性が高くなります。本件のような事態を避けるためには，以下の条項を規定しておくべきです。

> X 社及び Y 社は，本製品に欠陥があること又はそのおそれがあることを発見し，又はこれらに起因して自らが訴訟その他の紛争の提起を受けた場合には，直ちに相手方に対してその旨を通知し，相互に協力してこれを解決するものとする。

　なお，X 社としては，Y 社に対して補償請求をする代わりに，今後 Y 社に支払う委託料を減額し，補償相当額を少しずつ回収することによって，欠陥の有無を直接問題にすることなしに，Y 社との将来の取引の中で解決する方法もあり得ます。

6. OEM をめぐる紛争〈事例㊳〉

〈経　緯〉

　X社は，ユニークな機能を持つ特定のユーザー向けの電化製品の開発を得意とします。X社は新たに画期的な機能を有する電化製品（以下「新製品」といいます。）を開発しましたが，自ら製造するには費用がかかりすぎるため，同種の電化製品の製造工場を有するY社にOEM製造してもらう契約を締結しました。新製品はX社の仕様に従ってX社の商標を付してY社が製造し，X社がそれを購入し，ユーザーに販売することになりました。

　OEM契約書には，新製品の仕様について以下のように規定されています。

---

1. 本製品の仕様，規格，本商標等（以下「本仕様」という。）は，別紙製品仕様書によるものとする。別紙製品仕様書に規定がない事項その他本仕様に疑義がある場合，Y社は，直ちにその旨をX社に通知し，X社と協議する。
2. 法令の改変その他の事情により本仕様に変更の必要が生じたときは，X社，Y社協議の上本仕様を変更することができる。

　X社は，OEM契約期間中に顧客のニーズが大きく変化したため，新製品の仕様をそのニーズに合う形に大きく変更し，商標の付け方も目立つ形にすることにし，Y社に通知しました。Y社は，X社の要求どおりに仕様や商標の付け方を変更するとコストが大きく増加するため，X社の要求を拒否し，争いになりました。

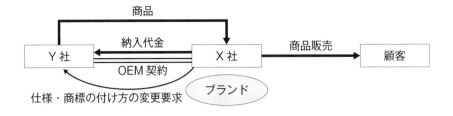

〈結　果〉

　X社とY社は協議の結果，X社は仕様や商標の付け方の変更を当初より少なくし，納入価格を値上げすることとし，Y社はそれを了承しました。

〈検　討〉

（1）仕様変更の可否

　本件では，OEM契約上は，「法令の改変その他の事情により本仕様に変更の必要が生じたとき」には，X社がY社の同意なしに仕様を変更できるとされていました。ここで，「その他の事情」がどのような事象まで含むかは契約上はあいまいです。X社としては，顧客のニーズの変化も含まれると主張し，Y社は「法令の改変」に準ずるような特別の事情に限られると主張しました。OEM契約において，委託者の事情で仕様の変更が要求されることはよくあります。受託者としては，それにより，製造コストが増加したり，時間が余分にかかったりする場合は，そのまま受け入れるわけにはいきません。

　本件では，X社が，Y社の代わりになる製造業者をすぐに見つけることができなかったため，仕様変更を強行せず，価格交渉が成立しました。しかし，もしX社が代わりの製造業者を見つけられたら，Y社としては，仕様変更に応じないことを理由にX社から契約を解除されるリスクがありました。

　X社としても，このような紛争を避けるためには，以下のように，仕様の変更ルールについて規定しておくべきでした。

> 1. 法令の改変，本製品のモデルチェンジ，X社の販売戦略の変更その他
>   の事情により本仕様に変更の必要が生じたとX社が判断した場合に
>   は，X社は，Y社に対し，変更予定日の1か月前の書面による通知を
>   もって，本仕様を変更することができる。
> 2. 前項によって本仕様が変更された場合において，製品の納入価格，納
>   期等の契約条件を変更する必要があると認められるときは，X社とY
>   社は協議してこれを定める。

　なお，本件は〈事例㊴〉と違って下請法の適用はない事案でしたが，
X社が，Y社との関係で優越的地位にあって，Y社に不当に仕様等の変
更を求めて不利益を与えた場合は，優越的地位の濫用として違法になる
可能性があります（独占禁止法2条9項5号，19条）。

(2) 商標の使用方法

　また，X社にとっては，自社の大事なブランドである商標をどのよう
に商品に付けるかは重大な関心事です。OEM契約上，X社が，Y社に
対し，商標の大きさ，色，付ける場所等について具体的に指定できるよ
うにしておくべきです。例えば，以下のような条項を規定します。

> Y社は，本契約に基づき製造・供給する全ての本製品及びその梱包材等
> にX社の指定する態様及び方法等に従って本商標を付するものとする。

　Y社としては，商標の付け方について，度々変更を指示されても困る
ので，契約書の別紙で図面等を添付して特定し，変更する場合は，Y社
の同意を必要とする規定にしたいところです。

7. 過剰な要求による契約終了に関する紛争〈事例㊴〉

〈経　緯〉

　ロボットメーカー大手のX社は，優れたロボット技術を有するベンチャー企業Y社に，ロボット製造を委託することにし，両社は，製造委託基本契約書を締結し長期的な生産提携を開始しました。X社は，Y社に対し，個別契約を結んで，1億円でロボットの製造を委託しました。委託料は，契約時に3000万円，製品納入時に残額が支払われることになっていました。個別契約上の製品仕様が具体的でなかったこともあり，X社は，Y社に対し次々と新しい機能を要求し，Y社もX社との関係を良好に保ちたいためにこれに応じてしまいました。

　しかし，Y社の技術者の数は限られており，X社の厳しい要求によって体調を崩したり，辞めたりする技術者が続出しました。Y社は，これ以上契約を継続すると企業の存続にもかかわると考え，X社に対し，契約を解除し，現状での納品を認めるよう求めました。その際Y社は，X社の仕様変更の要求は下請法違反であると主張しました。

　X社はこれに対し，自社の要求は契約で合意した仕様の範囲であり，Y社がそれに従わないのは契約違反であると主張し，製品が契約どおりに納品されたら得られたであろう利益（得べかりし利益）の損害賠償請求をしました。

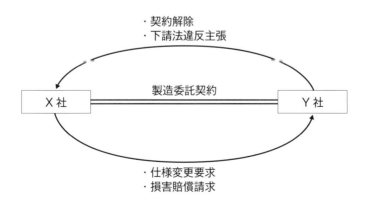

〈結　果〉

　X 社は，社内のコンプライアンスの観点と，Y 社から下請法違反を主張されるとレピュテーション上問題になる状況にあったことを考慮し，Y 社との話合いに応じることとしました。X 社は，Y 社から現状の製品の引渡しを受け，損害賠償請求はしないことにしました。

〈検　討〉

（1）仕様変更の要求

　本件は，業務委託の製品の仕様が明確でなかったことに問題がありました。ロボットのように汎用製品でない場合は，具体的に機能や効能を規定しておかないと，委託者から仕様を超えた過剰な要求が来るおそれがあります。本件では，当初 X 社との関係を良好に保ちたいために Y 社がその要求を受け入れてしまいました。そのため X 社は，追加の委託料を支払うことなく次々に要求をエスカレートすることになりました。Y 社として，契約上の仕様と異なると思われる要求は，はっきり拒否すべきでした。

　Y 社は，資本金 3 億円以下の法人であるため，資本金 3 億円以上の X 社との取引については，下請法の適用があります。本件のようなケースは不当な給付内容の変更・やり直しの禁止（下請法 4 条 2 項 4 号）にあたる可能性があります。下請法は，親事業者が下請事業者の責に帰すべき事由がないのに，費用を負担せずに注文内容を変更し，又は受領後にやり直しをさせることを禁止しています。

　本件では，X 社は最近下請法違反で公正取引委員会から勧告を受けたことがあり，社内コンプライアンス上，本件でもまた違反を指摘されるリスクは避けたいという事情がありました。また，再度の下請法違反はレピュテーションの低下を招き，他のビジネスへの悪影響も懸念されました。そのため，X 社としては，Y 社と話合いで解決することを望みました。X 社にとっては，現状の製品であっても一定の満足が得られるため，本気で損害賠償まで求めるつもりはありませんでした。

(2) 損害賠償請求のリスク

　Y社としては，上記のような事情は知らなかったため，X社から，多額の損害賠償請求をされ，今後のビジネスが立ち行かなくなることをおそれました。Y社にとっての最悪のシナリオが，下請法違反の主張が認められず，Y社の一方的な契約違反を理由として，X社の得べかりし利益を含めた多額の損害賠償請求が認容されることです。そうなると，Y社には倒産の危機が生じてしまいます。そのため，Y社は，現状の製品を納品することによって損害賠償は請求しないというX社からの提案を受け入れることにしました。

　製造委託の受託者としては，以下のような損害賠償額の上限を規定しておくと有利になります。

委託者又は受託者は，本契約上の義務に違反し相手方に損害を与えたときは，現実に生じた通常かつ直接の損害を賠償するものとする。ただし，受託者の支払う損害賠償額は，本契約に基づき受託者が受領した委託料の金額を上限とする。

　本件でも，このような規定があれば，Y社はX社ともっと有利な条件で話合いができたと思われます。

(3) 出来高に応じた請求

　改正民法が適用されると，本件は，民法634条の「請負が仕事の完成前に解除されたとき」にあたるので，Y社により，出来高に応じた報酬の請求が可能になります。同条では，「注文者が受ける利益の割合に応じて」と規定されていますが，Y社としては，X社の受ける利益と関係なく，出来高に応じて請求したいところです。今後，受託者の立場としては，契約上で，出来高の評価基準，評価方法，報酬の算定基準等を具体的に定めておくとよいでしょう。

8.　付随契約の扱いに関する紛争 〈事例⑳〉

〈経　緯〉

　宗教法人 X は，ソフトウェア開発会社である Y 社との間で，データベース開発請負契約を締結し，データベースの開発と長期的なサポート提供を発注しました。同時に，X は Y 社から，データベース運用に必要なサーバーを購入する売買契約を締結しました。これは，Y 社によるデータベース開発は，X が従前から利用しているサーバーではなく，別のサーバー上での運用を前提としていたためです。ところが，Y 社はデータベースを完成できなかったため，X はデータベース開発請負契約の解除と同時に，サーバーの売買契約も解除し，Y 社に対しサーバー代金の返還等を求めて訴えを提起しました。Y 社は，開発請負契約と売買契約は全く別個の契約であり，売買契約は解除できないとして争いました。

〈結　果〉

　本件において，X はデータベースの開発がなければ Y 社からサーバーを購入しない関係にあり，両契約は一体の関係にあるため，データベース開発請負契約の解除事由は当然にサーバー売買契約の解除事由にあたるとされました。

〈検　討〉

（1）付随契約と主契約との関係

　本件は，東京地裁平成 18 年 6 月 30 日判決（判時 1959 号 73 頁）をベースにしています。アライアンス契約においては，本件のように関連する

契約が同時に締結されることが多く，1つの契約の解除の際に，他の契約の効力が問題になることがあります。特に，合弁契約では，ライセンス契約，出向契約，賃貸借契約書，原料供給契約等が，合弁契約の各当事者と合弁会社の間で締結されることになります。そのように，契約当事者が違っていたり，多数の契約が関係するときは，それらの終了事由をどうするかを慎重に検討し，契約上明確にしておくことが必要です。本件では，そこまで複雑な関係ではなかったものの，2つの契約の契約終了時の関係が明確になっていなかったため，裁判で争うことになりました。

　本件では，両契約が同一当事者間で締結されており，開発されたデータベースに使うためにわざわざサーバーを買い換えたという関係にあるので，データベース開発請負契約がY社の契約違反により解除された場合に，サーバー売買契約も解除されるという結論は合理的であるといえます。サーバー売買契約が，Y社の関連会社や全くの第三者との間で締結されていた場合や，サーバーが別の用途にも使われる予定があったような場合には，結論が変わった可能性もあります。また，本件は，Y社がデータベースを完成させなかったという請負契約の本質的な義務違反による解除でしたが，他の事由による解除の場合は別の結論になったかもしれません。

（2）紛争予防のための規定方法

　本件のように，開発請負契約の解除の際に付随契約の効力がどうなるかは，その時点における諸事情にもよるので，裁判所によって必ずしも契約の規定どおりに判断されるとは限りません。しかし，紛争を予防する観点からは，解除の際の両契約の関係を明確にしておくべきです。

　主たる契約の解除を付随契約に影響させる場合は，付随契約において以下のような条項を規定することが考えられます。

> X及びY社は，理由のいかんを問わず，●●契約が解除された場合には，何らの通知なくして本契約も同時に解除され，終了することを確認する。

また，以下のように，解除事由によって区別することもあります。

> X及びY社は，●●契約第●条に定める義務の不履行が生じたときは，●●契約を解除すると否とにかかわらず，本契約を解除することができる。

逆に，主たる契約の解除を付随契約に影響させない場合は，以下のような規定が考えられます。

> X及びY社は，本契約は●●契約とは別個の契約であり，●●契約が解除により効力を失ったとしても，本契約には何らの影響も及ぼさないことを確認する。

なお，本件のようなケースで，サーバーを購入させることが競争手段として不当であるか，又はY社が市場における有力な事業者である場合は，抱き合わせ販売として，独占禁止法上問題となる可能性があります（流通・取引慣行ガイドライン）。

第5章　資本提携に関する事例

1.　取締役の善管注意義務をめぐる紛争〈事例㊶〉

〈経　緯〉

　不動産開発 X 社は，財務状態が悪化し，投資会社 Y 社からの出資を受け，株主間契約を締結し，金銭面や人的な支援を受けることになりました。Y 社による出資の結果，X 社の創業株主と Y 社との株式保有比率はそれぞれ 40％と 60％になりました。株主間契約において，創業株主の拒否権は，株主総会にも取締役会にも認められていません。X 社の取締役会は，X 社の創業株主が指名する取締役 2 名と Y 社が指名する取締役 3 名で構成されています。

　Y 社指名の取締役は，X 社所有の不動産を時価より安く処分して，その売却金額の一部を Y 社の貸付金の期限前返済に回し，X 社の利益よりも Y 社の利益を優先しようとし，取締役会で過半数の賛成で決議しました。創業株主は，Y 社指名の取締役を善管注意義務違反で提訴することにしました。

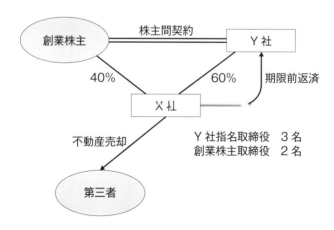

〈結　果〉

　Y社指名の取締役には善管注意義務違反はないとして，損害賠償請求は認められませんでした。

〈検　討〉

（1）取締役の善管注意義務

　本件のように，株式保有比率も取締役会の構成比率も，Y社60％，創業株主40％の場合，会社法上はX社の株主総会，取締役会とも，Y社の意向どおりに決議されることになります。しかし，Y社指名の取締役はX社の取締役である以上，X社の取締役会ではX社に対する善管注意義務があります。そのため，X社の取締役としては，Y社の利益ではなく，X社の利益になるように行動しなければなりません。

　本件では，X社の不動産を時価より安く処分し，Y社の貸付金の期限前返済に充てる行為は，一見Y社の利益のためにX社に損害を与える行為のように見えます。投資会社であるY社は，X社の資産を現金に換えてなるべく多くの配当を得るとともに，貸付金も少しでも早く返済を受けることにより短期的な利益を得ようとしたからです。X社にとっては，いずれもその時点で必要な行為ではありませんでした。

　しかし，裁判所は，X社の再建のためには，不動産を処分することによる資金や貸付金の返済がいずれ必要であったこと，取締役会で十分な議論がなされていたことなどを理由に善管注意義務違反を認めませんでした。いわゆる経営判断の原則が適用されました。

（2）経営判断の原則

　ビジネスにはリスクはつきものであり，委縮効果を与えすぎないために，取締役の裁量を尊重する「経営判断の原則」が認められています。多くの裁判例は，経営判断の前提となる事実認識の過程における不注意な誤りがないか，経営判断の過程と内容に著しい不合理な点がないかを判断しています。会社と取締役の間に利益相反がある場合や違法行為の場合は経営判断の原則の適用はないとする考え方が強いものの，本件の

ように明らかな利益相反や違法行為がないケースでは，取締役の判断が尊重される傾向が強いのが実務です（最高裁平成22年7月15日判決・集民234号225頁参照）。

創業株主としては，このような事態を避けるために，株主間契約において，以下のような形で，X社の重要事項の決議については，創業株主の同意が必要である旨の拒否権を規定しておくべきでした。

X社の取締役会又は株主総会が以下の事項を決定するにあたっては，創業株主の事前の書面による同意を必要とする。
・重要な財産の処分
　　　　︙
・その他X社に重大な影響を与える事項

なお，株式保有比率が40％あれば，株主総会の特別決議事項（出席株主の3分の2以上の賛成が議決要件）について拒否することは可能です。しかし，特別決議事項は，減資，定款変更，合併，重要な事業譲渡，第三者割当増資など，組織の根幹や株主の重大な利益に関する事項に限定されています。そのため，創業株主にとっては株主間契約で拒否できる事項を列挙しておくことが重要でした。

2.　競業禁止に関する紛争〈事例㊷〉

〈経　緯〉

日本の機械メーカーであるX社とインドの部品メーカーであるY社は，それぞれ出資比率50％ずつでインドに合弁会社を設立し，機械部品の製造・販売を行うことにしました。合弁会社の販売方針については，株主総会の過半数の決議によることが合弁契約書（インド法準拠）で規定されています。Y社は，合弁会社で当初予定していなかった新規事業を開始する方針ですが，X社は，その事業の採算性に疑問があり，追加資金がかかりすぎるとして反対しています。株主総会では過半数による決

議が得られず，デッドロックの状態になり，その後も両社は経営方針を
めぐって対立したため，販売活動に支障を来しました。

　合弁契約書には，以下のデッドロックの規定はありますが，解消の仕
組みが規定されていませんでした。

第●条　（デッドロック）

(1)「デッドロック」とは，以下に規定する事項のいずれかについて，い
　　ずれかの当事者が相手方に対して承認を求めたにもかかわらず当該
　　事項を相手方が承認せず，かつ，当該承認を求めた日から●日間を
　　経過しても，相手方が当該承認をしない場合をいう。
　　①合弁会社の製品の販売方針
　　②合弁会社の新規事業の開始，既存事業の撤退
　　③……

　そのため，X社とY社で交渉がまとまらないまま時間ばかりが経過
し，効果的な販売促進ができずに損失が増大してしまいました。

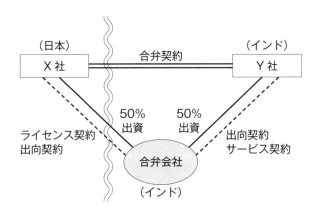

〈結　果〉

　X社は，インドで単独で機械部品を製造・販売するだけの原材料の調
達や販売のルートを持っていないため，低廉な価格で合弁会社株をY
社に売却せざるを得ませんでした。その後，Y社は別の会社と合弁事業

を開始し，X 社が合弁会社にライセンスしていた技術については，合弁
契約上秘密保持義務が課されていましたが，当該技術を流用されてしま
いました。

〈検　討〉
(1) デッドロックの解消方法
　デッドロックの予防方法としては，①合弁会社の運営方法についてな
るべく詳細に合弁契約に規定し，後日株主間での意見の相違が生じにく
くする，②過半数の賛成が得られない場合は議長にキャスティングボー
トを与えることなどが考えられます。
　また，デッドロックの解消方法には主に以下のものがあります。
　・第三者（調停人）の判断
　・仲裁・ADR
　・合弁事業の解消
　合弁事業の解消方法は第 1 編第 2 章第 6 で解説したとおりですが，本
件で使える可能性があるのは，主に以下のものになります。
　①株式を残存当事者に売却（価格の決定方法）
　　・call option（コールオプション，売渡強制条項。一方当事者が他方当事者
　　　の株式を公正価格で強制的に売却させる権利）
　　・put option（プットオプション，買取強制条項。一方当事者がその株式を
　　　公正価格で買い取るよう他方当事者に要求する権利）
　②株式を第三者に売却
　　・first refusal right（優先先買権。一方当事者がその株式の売却を希望する
　　　場合に，他方当事者が一定期間同一条件でその株式を第三者に優先して買
　　　い取る権利）
　　・tag-along right（共同売付請求権。一方当事者が第三者に株式を売却する
　　　とき，他方当事者も同じ条件で第三者に売却できる権利）
　　・drag-along right（一括売渡請求権。一方当事者が第三者に株式を売却す
　　　るとき，他方当事者にも同じ条件で売却を強制できる権利）
　③合弁会社の解散

　株式を残存当事者に売却する場合の対価は，単に「公正価格」という規定の仕方では実際のデッドロックの場面では金額の合意に至らない可能性が高いといえます。本件でも，売却時の価格算定の規定がなかったために，現地における立場の弱いX社は不利な価格で売却せざるを得なくなりました。規定の仕方としては，以下のような方法が考えられます。

・財務諸表等に基づく純資産の額を基準にする方法
・将来の収益予想等に基づく収益還元方式又はDCF方式
・あらかじめ定めた監査法人等による評価とする方法
・これらのうち最も高い（又は低い）価格とする方法

　いずれにしても，本件の合弁会社はインド法人なので，合弁契約の準拠法がどこの国であっても，インドの会社法に従った解消方法を取る必要がある点にも注意が必要です。

(2) 秘密保持義務と引き抜き

　撤退する当事者にとっては，本件のように自社の提供した技術の流出や目的外利用に気を付ける必要があります。本件の合弁会社は，撤退後はY社の100％子会社になるため，合弁会社の技術をY社が目的外に利用することは容易です。合弁契約上に秘密保持義務が規定されていても，Y社の義務違反，義務違反と損害との因果関係，損害額を立証することはいずれも容易ではありません。そのため，X社としては，いったん技術を合弁会社に開示してしまうと，撤退時には相手方に利用されてしまうリスクを想定しておく必要があります。

　また，Y社がX社の従業員を引き抜くことにも注意が必要です。X社から合弁会社に出向していた経営や技術におけるキーパーソンは，Y社から良い条件を提示されれば引き続きインドで働きたいと考えることがあり得ます。X社としては，これらの従業員が退職することを法的に禁止することはできませんが，Y社及び以前の合弁会社で働くことは制限したいところです。そのためには，就業規則や退職時の誓約書において，キーパーソンについて競業避止義務を課すようにすべきです。ただし，その有効期間は，仮に日本法が適用される場合，その従業員のポジショ

ン，保有する秘密情報の重要性，退職時の補償金などにもよりますが，長くても2年程度とされています。

　このように，合弁会社に開示されたX社の秘密情報は，契約でどのように規定しても，その撤退時に完全に元の状態に戻すことは事実上不可能です。特に，本件のようにインド国内において秘密保持や引き抜きが問題になる場合，合弁契約の準拠法がどこの国かにかかわらず，インドの法規制や執行方法等も考慮に入れる必要があり，さらに困難な状況が想定されます。したがって，自社のコア技術を合弁会社に利用させることについては慎重に検討するべきです。

3. デッドロックをめぐる紛争〈事例㊸〉

〈経　緯〉

　日本のシステム会社であるX社は，タイの部品メーカーであるY社と，ITを活用した自動車部品の製造販売を行う合弁会社をタイに設立しました。合弁会社の持分の保有比率はX社40%，Y社60%です。

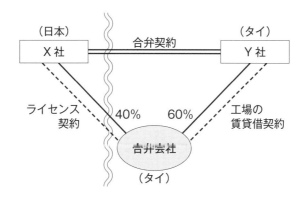

　本製品はタイでの販売が好調だったため，X社とY社は，今後の販売展開を協議することになりました。合弁契約（日本法準拠）上，製品の販売方針については，両者が合意の上で決定することになっています。Y社は，本製品をアジア各国で販売したいと考えましたが，X社はアジ

ア各国の自社の販売ルートと競業することになるためタイ国内に限定したいと考えました。協議がまとまらないまま30日間が経過し，以下の条項が適用されることになりました。

第●条　（株式の買取り）
(1) 以下の各号の事由が生じた場合には，X社は，Y社に対して，X社が保有する合弁会社株式の一部又は全部をY社が買い取ることを請求することができるものとし，Y社は，当該請求に基づいてX社が保有する合弁会社株式を買い取るものとする。
　①合弁会社の純損失が●円以上となった場合
　②第●条の規定に従い，X社及びY社の代表取締役がデッドロック状態の解決に努力したにもかかわらず，30日間デッドロック状態が解決されなかった場合
　③……
(2) 前項の規定に従ってY社がX社が保有する合弁会社株式を買い取る場合の1株当たりの買取価格は，以下の各号のいずれかの安い金額とする。
　①合弁会社の直近の監査済貸借対照表に基づく合弁会社株式1株当たり純資産額
　②X社及びY社が合意した第三者算定機関が算定した合弁会社株式1株当たりの公正な価格

また，合弁契約には以下の競業避止条項が含まれていました。

X社及びY社は，本契約の有効期間中及び終了後2年間，事情のいかんにかかわらず，タイ国内において次の行為を行ってはならない。
　①自ら又は第三者を介して，合弁会社が行っている事業と競業する事業（以下「合弁競業事業」という。）を行うこと。
　②合弁競業事業を営む事業者（以下「合弁競業企業」という。）に出資又は経営に参加すること。

---

③自ら又は自らのグループ会社の役員又は従業員（ただし，退任又は退社
　した者は除く。）を合弁競業企業の役員又は従業員とすること。

〈結　果〉

　Y社がX社の持分を買い取ることによって，合弁事業を解消するこ
とにしました。Y社はX社の競業避止義務を免除すること，X社は合弁
会社（解消後はY社の100％子会社）に2年間ライセンスを継続することが
条件とされました。

〈検　討〉
(1) 出資比率とデッドロック

　合弁会社においては，いずれかの当事者が発行済株式の過半数を握る
かどうかが大変重要となります。持株比率によって会社法上単独で決議
できる事項が何かをしっかり確認し，その出資比率を確保すべく交渉する
ことになります。会社法上の株主の権利と合弁契約上の当事者の権利は
必ずしも一致させる必要はありませんが，ベースになるのは会社法上の株
主の権利になります。

　例えば，契約上株式譲渡に制限を加えた場合，一方当事者が違反した
場合に他方当事者は損害賠償を請求できるとしても，一方当事者が会社
法上適法な手続を行っていれば株式譲渡自体は有効になってしまいます。
しかも，違反と損害の因果関係や損害額を立証することは容易ではなく，
事後的な救済には限界があります。

　したがって，まずはタイの会社法上の権利を確認し，日本における種
類株のような制度があればその活用を検討すべきです。種類株であれば
会社法上の制度なので，その内容に反した行為は無効になります。

　また，50：50の合弁会社は，いずれの当事者も単独では過半数で可
決できないため，デッドロックになる可能性が高いといえます。本件の
ように少数株主が重要決議事項に拒否権を発動したときも同様です。そ
のため，デッドロックを予防する方法や解消する方法を契約上規定して

おくことが重要です。

　デッドロック条項が適用される場面は，当事者間に意見の相違や紛争が生じている段階であり，各当事者の事情や利害関係と現地法の解釈も考慮に入れて適切な条項を規定しておくべきです。解消方法が規定されていることにより，それをベースに解消に向けた交渉が進む可能性もあり，何らかの解消のための規定は必ず入れておくべきです。

(2) 合弁事業の解消

　合弁事業解消時には，第1編第2章第6で解説したとおり，様々な問題が生じます。撤退企業にとっては，競業避止義務があるかどうかは，その市場における商圏維持のために大変重要になります。

　また，合弁契約終了時に，関連契約（ライセンス契約，販売店契約，出向契約，原材料供給契約など）の扱いをどうするかも重要です。撤退する当事者が関連契約の当事者である場合，残存する当事者は，当該関連契約なしに合弁会社の事業を維持できるかどうかが問題となります。事業の維持が難しい場合，合弁事業解消後一定期間は関連契約を継続する規定を入れておくべきです。

　本件では，X社にとってタイ国内において契約終了後，2年間競業事業を行えないことは市場から撤退することに等しくなってしまいます。それを回避するために，合弁解消によりY社の100％子会社となったタイ法人に，引き続き技術ライセンスを行うことにしました。Y社にとっては，急にX社からの技術提供やメンテナンスがなくなると事業継続が難しくなるという事情がありました。このように合弁解消の場面では各当事者の利害が先鋭化するので，合弁契約において可能な限り，解消の場面をあらかじめ想定し，なるべく自社にとって有利になるような解消のルールを定めておくべきです。

　なお，合弁会社の解散や株式譲渡により合弁事業を解消することについて政府当局の許認可を要する国（中国，インド等）があり，審査に長期間を要するケースもあります（数か月から1年超に及ぶこともあります。）。特に解散による場合には，労働者の処遇，資産の処分，債権債務の整理

等が問題になることもよくあります。また，株式譲渡についても，譲渡先探しや価格交渉が難しいことも珍しくありません。

このように，撤退自体に外的な障壁が存在する合弁事業においては，合弁契約において，撤退時を想定した各当事者の義務についての条項を置くことが望ましいといえます（ただし，実際には協力義務程度にとどまることも多いでしょう。）。また，このようなケースにおける撤退スケジュールの策定にあたっては，合弁会社の顧客等の第三者との契約違反，その他のトラブル回避に向けた慎重な対応が特に求められるといえます。

4. 株式譲渡の方法をめぐる紛争〈事例㊹〉

〈経　緯〉

日本の先端技術材料メーカーである X 社と Y 社は，株式保有割合をそれぞれ 60％と 40％とする合弁会社を設立し，取締役会の構成は X 社が指名する取締役 3 名，Y 社が指名する取締役を 2 名としました。

株式の譲渡については，合弁契約に以下の条項を規定しました。

> X 社及び Y 社は，相手方による事前の書面による同意がない限り，合弁会社の株式を第三者に譲渡してはならない。

また，合弁会社の定款において，株式譲渡の承認機関は取締役会とし，取締役会の決議要件は出席取締役の過半数と規定しました。

X 社は，事業の選択と集中を行うことになり，合弁事業から撤退することを決定し，保有している株式を高値で買ってくれる Z 社に譲渡することにしました。

X 社は，Y 社に対し，株式譲渡の承認を求めましたが，Y 社は Z 社とは競合関係にあり，Z 社と合弁事業を行う意思はなく，かかる譲渡に同意しませんでした。X 社は，やむを得ず，合弁会社の取締役会における過半数の賛成により株式譲渡の承認決議を取り，Y 社の同意のないまま

Z社に譲渡することにしたため，Y社との間で紛争になりました。

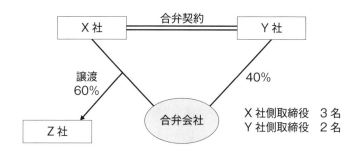

〈結　果〉

　X社は，Y社の同意がなくても，会社法に従って，合弁会社の株式を
Z社へ譲渡することは可能です。そのため，三者での交渉の結果，Y社
も自ら保有する合弁会社の株式をZ社に譲渡することにしました。

〈検　討〉

(1) 契約による譲渡制限

　株式譲渡を制限する合弁契約の規定は，当事者間では会社法127条
（株式譲渡の自由）に反することなく有効であると解されています。また，Y
社が，X社によるZ社への株式譲渡に対し合弁契約上同意をしない場合
であっても，Z社の善意悪意を問わず，当該譲渡は有効となります。合弁
会社との関係においては，合弁契約上は当該株式譲渡は承認できないこ
とになりますが，会社法の定めにより，X社は，合弁会社の取締役会で
過半数の取締役の賛成によって，株式譲渡の承認決議を取ることができ
ます。合弁契約上は，Y社の同意を得られずに譲渡することになるので，
X社の契約違反となり，損害賠償の問題は残りますが，株式譲渡自体は
有効となります。そのため，取締役会の多数派を占めるX社としては，Z
社にその保有する合弁会社株式を自由に譲渡できてしまうことになりま
す。

　よって，Y社としては，株式譲渡につき拒否権を有しているだけでは，
自己の望まない者に合弁会社株式が譲渡されないようにするためには不

十分です。

(2) Y社のとり得る手段

　Y社としては，違約金条項等によって契約の遵守を担保するか，又は，以下のような優先先買権（first refusal right）の条項も同時に規定すべきです。このような規定を設けることで，単に拒否権だけを規定するよりも，当事者間で契約に従った解決を促すことになります。

---

(1) X社又はY社（以下「譲渡希望当事者」という。）が自己の保有する合弁会社株式を第三者に譲渡しようとする場合には，相手方に対し，譲渡価格，譲渡株式数，譲渡予定者その他当該株式譲渡にかかわる重要な条件を書面にて通知するものとし，(以下「譲渡通知」という。)，相手方は譲渡通知に記載された条件と同一の条件をもって，譲渡希望当事者が譲渡を予定している株式の全部又は一部を，自ら又は自らが指定した第三者をして買い取る権利（以下「先買権」という。）を有するものとする。

(2) X社及びY社は，先買権を行使する場合には，譲渡通知の受領後●日以内（以下「購入通知期限日」という。）に譲渡希望当事者に対して，先買権を行使する旨及び先買権の行使により取得する株式の数を書面にて通知（以下「購入通知」という。）するものとし，購入通知が譲渡希望当事者に到達した時点をもって，譲渡通知に記載の条件にて，購入通知に記載された株式数にかかわる株式譲渡契約が成立したものとみなされる。

(3) 譲渡通知を受領した当事者が購入通知期限日までに購入通知を行わない場合には，譲渡希望当事者は，購入通知期限日より●日以内に限り，譲渡通知に記載された条件より譲渡予定者に有利にならない内容で，当該株式を譲渡することができるものとする。

　ただし，Y社としては，仮に上記のような規定を設けたとしても，自らの財務状況によっては優先先買権を行使できないことも考えられ，ま

た，株式を購入してくれる適切な第三者を探すことができないこともあり得ます。

　そのような場合，Y社としては，本件のように自社にとって好ましくない第三者に合弁会社の60％もの株式を保有されるのであれば，自らも同じタイミングで合弁事業から離脱したいと考えるでしょう。そこで，Y社は，優先先買権と併せて，以下のような規定を設け，譲渡通知記載の条件と同一条件で自ら保有する合弁会社株式についても当該第三者に売却するよう請求できる権利（共同売付請求権又は tag-along right）を確保しておくことも考えられます。

(1) X社又はY社は，譲渡希望当事者方譲渡通知を受領した場合，譲渡通知に記載された条件と同一の条件で，自己の保有する合弁会社株式のうち，譲渡予定者が譲受けを希望する株式数に，譲渡通知受領時における合弁会社の発行済株式総数に占める自らの株式の持株比率に応じて算出される数の合弁会社株式を譲渡予定者に譲渡する権利（以下「共同売付請求権」という。）を有するものとする。

(2) X社又はY社が，共同売付請求権を行使する場合には，譲渡通知を受領後●日以内に，譲渡希望者に対して共同売付請求権を行使する旨を書面で通知しなければならないものとする。かかる通知がなされた場合，譲渡希望当事者は，共同売付請求権を行使した当事者（以下「共同売付請求権行使当事者」という。）と譲渡予定者との間で，株式譲渡契約の締結が行われるよう必要な一切の措置をとるものとし，譲渡予定者が購入する株式の数を増加することに同意しない限り，自らが譲渡予定者に譲渡することができる合弁会社株式が，共同売付請求権行使当事者が譲渡予定者に対して譲渡する株式数だけ減少することにつき，何らの異議も述べないものとする。

　このように，合弁解消の場面における株式譲渡については，紛争になりやすいため，解決の基準となるメカニズムを規定しておくことが重要になります。

5.　表明保証違反の紛争〈事例㊺〉

〈経　緯〉

　大手菓子メーカーのX社は，中小菓子メーカーのY社の発行済株式の70%を取得し，共同で新商品の開発や販売を行うことにしました。X社は，Y社の創業株主Zから株式を譲り受けることとし，Zとの間で株式譲渡契約と株主間契約を締結し，Y社との間で共同開発契約を締結しました。株式譲渡契約には，以下の表明保証が規定されました。

> Zは，X社に対して，以下の事実について表明し，保証する。
> ・Y社は，事業を行う上で必要な許認可を全て取得していること。

　また，表明保証に違反した場合は，以下のとおり補償する旨規定されました。

> ・本契約●条においてZが行った表明及び保証が，Zの責に帰すべき事由の有無にかかわらず，正確でなかった又は真実でなかったことによりX社又はY社に損害が生じた場合，Zはこれを補償する。Zの表明・保証違反に基づきZがX社に対して負担する補償義務の総額は，●●円を限度とする。
> ・本項に基づく補償責任は，X社がZに対してクロージング日後●年以内に書面により請求した場合に限り生じるものとする。

　株式譲渡が行われた後で，Y社の工場の一部が必要な許認可を取得していなかったことが判明し，取得するための改修に多額の費用がかかりました。X社は，Zの表明保証違反を理由に，Zに対し改修費用の負担を求めました。Zは，許認可漏れには気づいておらず責任はないこと，改修についても許認可を取得するために必要な範囲を超えているとして，X社の請求を拒否しました。

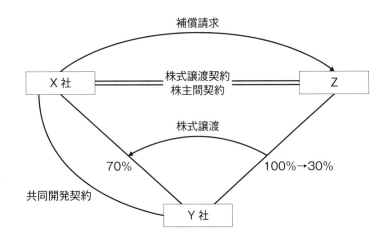

〈結　果〉

　裁判所は，Ｚの表明保証違反を認めましたが，改修費用については，許認可の取得に必要な範囲に限定した形での和解を勧め，その内容の和解が成立しました。

〈検　討〉

（1）　表明保証違反と補償請求

　表明保証は，売主が，一定時点における対象会社に関する一定の事実が真実かつ正確であることを表明し，その内容を保証するものです。契約締結日や契約実行日時点で，対象会社の製造設備に担保権が設定されていないこと，製品が第三者の知的財産権を侵害していないことなどを規定します。売主に過失があってもなくても，表明保証した事実が真実かつ正確でなかった場合は責任を負うことになります。

　補償は，表明保証などに違反した場合に，買主が売主に損害賠償を請求できる条項です。請求できる損害や損失の範囲を明記し，金額に上限を設けたり，期間に制限を設けたりするのが一般的です。

（2）Zの責任について

　Zは，上記の表明保証の性質上，許認可を取得していなかったことに過失がなかったとしても違反となり，補償責任を負うことになります。Zは，許認可の取得について確認できていないのであれば，その点についての表明保証を行わないか，または「知る限り」「知り得る限り」のような限定を付けておくべきでした。また，補償の額については，契約の規定の仕方にもよりますが，本件のように特に規定がなければ，改修工事にかかった費用全額ではなく，表明保証違反の治癒に必要な範囲で認められることになるでしょう。

　X社としては，本件のように事後的に裁判で争うことになると，時間も費用もかかります。デューディリジェンスをしっかり行うことによって，株式譲受の前に許認可の取得漏れを見つけておくべきでした。そうすれば，改修にかかる費用を差し引いた対価で株式を譲り受けることが可能になったはずです。

　また，本件のように，売主が個人の場合は，株式譲渡によって受け取った対価を費消してしまうおそれもあります。対価の一部を分割払にしたり，エスクローに入れること（第三者に対価の一部を預けて決済を担保する方法）も検討すべきです。

　なお，補償請求については通常クロージングから半年から1年の期間制限が設けられます。X社としては，その間に表明保証違反がないかを確認して，違反があった場合は期間内にZに対して補償請求することが重要です。また，X社とZは，今後もY社を共同経営していくことを考えると，可能な限り裁判に至らないように話合いでの解決に努めるべき事案でした。改修金額が大きかったため話合いはまとまりませんでしたが，裁判所の勧める内容に沿って早期に和解が成立しました。

6. プットオプションをめぐる紛争〈事例㊻〉

〈経　緯〉

　ゲーム会社のX社とIT企業であるY社が，それぞれ50％ずつ出資し

て合弁会社を設立しました。Y社が合弁契約上に定められた役割を履行せず，合弁事業は利益が生じないため，X社は合弁事業を解消することにしました。X社は，合弁契約に規定されている以下の条項（プットオプション）に基づき，自己の保有する合弁会社株式をY社に売り渡して合弁事業から撤退することにしました。

---

1. 一方当事者（以下「違反当事者」という。）に以下の各号に規定する事由が発生した場合，相手方当事者（以下「請求当事者」という。）は自己の保有する合弁会社株式の一部又は全部を違反当事者が買い取ることを請求することができるものとし，違反当事者は，当該請求に基づいて請求当事者が保有する合弁会社株式を買い取るものとする。
   ① 本契約のいずれかの条項に違反し，請求当事者が当該違反の是正を書面により求めたにも関わらず，当該書面到達後●日以内にかかる違反が是正されない場合
   ② 支払停止若しくは支払不能の状態に陥った場合又は銀行取引停止処分を受けた場合
   ③ 解散若しくは破産手続開始，会社更生手続開始，民事再生手続開始，特別清算開始若しくはその他の倒産手続開始の申立てがあった場合，又は経営が事実上破産したものと請求当事者が合理的根拠に基づき判断した場合
2. X社又はY社が前項に規定される権利を行使した場合の1株当たりの譲渡価格は，以下の各号の金額のうち最も高い方の金額とする。
   ① 合弁会社の直近の監査済貸借対照表に基づく合弁会社株式1株当たり純資産額
   ② 合弁会社設立時の合弁会社株式の1株当たりの払込金額
   ③ 合弁会社の将来の収益予想等に依拠したDCF方式

　X社がY社に対して，株式の売買と債務不履行に基づく損害賠償を請求したところY社は債務不履行を否定し，株式の買取りも拒否してきました。

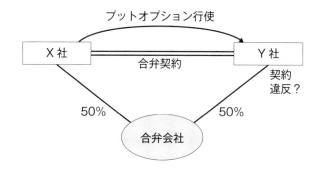

〈結　果〉

　Y 社は，契約違反の事実を認め，X 社が保有する合弁会社株式をプットオプションで定められた価格で買い取ることとし，X 社は，Y 社に対し損害賠償請求を行わないこととしました。

〈検　討〉

（1）契約違反とプットオプション行使

　X 社は，Y 社が合弁事業でその役割を履行しない以上，プットオプションを行使して撤退するしか選択はありませんでした。Y 社は，契約違反を否定しましたが，X 社は合弁会社の運営委員会において詳細な記録を取っており，その内容から Y 社の契約違反は十分立証できる状況でした。他方で，契約違反による損害は，Y 社が契約上の役割を履行した場合の得べかりし利益の損失が中心となるので，X 社にとってその立証は容易ではありません。

　X 社は交渉を長引かせるよりは，早期に投資を回収し，他の IT 企業と組んで新商品の開発を進める方がメリットがあります。そこで，プットオプションの行使価格は，純資産額や公正な価格の方が高くなる可能性がありましたが，金額に争いが生じない価格として，合弁会社の設立時の払込金額を主張し，投資額の早期回収を優先することにしました。また，投資額を一括で回収できるのであれば，損害賠償請求は行わないことにしました。

　Y社としても，運営委員会の記録がある以上，契約違反が認められる
リスクは高く，プットオプションの行使価格も，払込金額が最も低いと
思われたので，金額を争うことなく株式を買い取ることにしました。Y
社が今後他の企業と合弁事業を行う際に，契約違反の損害賠償請求訴訟
を提起されていることはレピュテーションリスクの低下につながるため，
Y社には，これを避けたいという判断もありました。

(2) プットオプションの規定方法

　プットオプションに関しては，契約違反をした当事者へのペナルティ
の意味で，売却価格を以下のように高額になるように規定することもあ
ります。

2.　前項の規定に従って違反当事者が請求当事者の保有する合弁会社株式
　を買い取る場合の1株当たりの買取価格は，以下の各号の金額のうち
　最も高い金額の120％に相当する価格とする。

　①合弁会社の直近の監査済貸借対照表に基づく合弁会社株式1株当た
　　り純資産額
　②合弁会社設立時の合弁会社株式の1株当たりの払込金額
　③合弁会社の将来の収益予想等に依拠したDCF方式

　いずれにしても，プットオプションが行使される時点では契約違反が
生じており，当事者間で円満な話合いは期待できないので，客観的に明
確な算定方法を規定しておく必要があります。また，プットオプション
の行使が可能な事由については，契約違反のほかに，株主間契約の終了
や会社の業績が一定の目標数値に到達しない場合などが規定されること
もあります。

　なお，本件では，X社はY社の保有する合弁会社株式を買い取って
まremでしてこの合弁会社を運営することは考えられませんでしたが，もし
その選択肢があるのであれば，以下のような買取請求権（コールオプショ
ン）を規定しておくことも考えられます。その場合は，プットオプショ

ンとは逆になるべく安い金額で買い取ることができる規定にしておくこ
とになります。

---

1. 一方当事者（以下「違反当事者」という。）に以下の各号に規定する事由
   が発生した場合，相手方当事者（以下「請求当事者」という。）は違反当
   事者の保有する合弁会社株式の一部又は全部を買い取ることを請求す
   ることができるものとし，違反当事者は，当該請求に基づいて自己の
   保有する合弁会社株式を請求当事者に売却するものとする。
   （略）
2. 前項の規定に従って，請求当事者が違反当事者の保有する合弁会社株
   式を買い取る場合の１株当たりの買取価格は以下の各号のいずれかの
   金額のうち最も安い金額の 80％に相当する価格とする。
   （略）

---

7. 国際仲裁による解消事例〈事例㊼〉

〈経　緯〉

　日本の自動車メーカーX社と，ドイツの自動車メーカーY社は，Y社
がX社に 19.9％出資することにより，資本業務提携を開始しました。X
社は小型車開発技術を，Y社は次世代の環境技術や高級車開発技術を持
ち寄ることで，収益拡大を目指しました。ところが，X社は，Y社の環
境技術の開示が不十分だと主張し，Y社がX社を持分法適用会社とし
て開示したことにも不信感を抱きました。他方，Y社は，X社がZ社か
らエンジンを調達したのは契約違反だと主張して紛争になりました。

　X社は，Y社にアライアンス解消を申し入れ，Y社の保有するX社株
式の買戻しを求めたところ，Y社はこれを拒否しました。このため，X
社は国際仲裁裁判所に提訴しました。

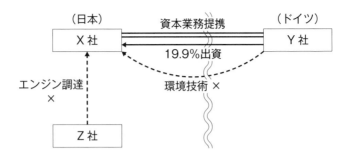

〈結　果〉

　国際仲裁裁判所は，アライアンスの解消を認め，Y社の保有するX社株式のX社への売却を命じました。また，X社の契約違反の一部を認め，損害賠償について引き続き審議することになりました。

〈検　討〉
（1）国際合弁事業の解消

　本件は，スズキ自動車とフォルクスワーゲンとの間の資本業務提携（包括アライアンス）の解消事案をベースにしています。ロンドンで行われた国際仲裁は約4年の審議を経て，2015年8月29日に仲裁判断が出ました。

　アライアンス解消に関して紛争になることは少なくありませんが，国際的な大手メーカー同士が国際仲裁で争うのは珍しいケースです。本件は，Y社の株式保有割合が19.9％ということもあって，Y社もX社の経営に大きく関与する立場にはなく，契約上の両者の権利義務について詳細に規定されていなかったことが想像されます。そのため，両者に不信感が生じたとき，技術提供に関する契約違反の有無が争いになりました。

　また，株式の売却についても，X社の買戻請求権について明確な規定があれば，ここまでもめることもなかったと思われます。契約交渉時に解消の場面を具体的に想定しながら交渉するのは，ネガティブな印象を持たれるとして遠慮しがちですが，国際合弁事業ではビジネスと割り切ってしっかり交渉すべきです。

　したがって，契約交渉時においては，アライアンス解消の時点でもめ
ることを想定し，どのような場合にどのように解消するかのメカニズム
をなるべく詳細に規定すべきです。それによって，自社の技術のうちど
こまでを開示すべきかも変わってきます。

(2) 紛争解決条項について

　クロスボーダーのアライアンスの場合は，紛争解決条項にも注意すべ
きです。準拠法は，自国法にした方が馴染みはありますが，アライアン
ス対象となる会社や事業が存在する国の法律にした方が，現地法との抵
触等を考えると，むしろスムーズに解決できることが多いといえます。
管轄については，国際仲裁を第三国で行うのが一般的です。国際仲裁は，
どちらかの国で裁判を行うよりも，強制執行の関係で問題が生じにくく，
専門的かつ柔軟な決定がなされることにメリットがあります。国際仲裁
は，上訴がなく比較的短期間で終わることが多いものの，本件のように
長期になることもあり，費用は裁判より高くなることも少なくありませ
ん。クロスボーダー案件における裁判と仲裁の主な違いは以下のとおり
です。

	訴訟	仲裁
判断権者	・資格ある裁判官 ・当事者が選べない ・専門性や質にばらつき(国にもよる)	・仲裁人 ・当事者が事案に応じて選任可能 ・専門性やビジネス感覚がある
秘密性	・対審・判決言渡しは公開が原則	・仲裁手続・仲裁判断は非公開
時間	・訴訟にかかる期間は国による ・上訴ができる反面,長期化の傾向	・上訴ができないため,早期解決が可能
費用	・裁判官の報酬を支払う必要がない ・手続費用は比較的安い 　(国・制度による) ・現地の資格がある代理人が必要 ・現地語への翻訳が必要な場合,費用が増大する ・長期化すれば負担が増える可能性あり	・仲裁人の報酬が高額になる可能性あり(特に3名の場合) ・手続費用が比較的高い ・代理人の資格制度は緩い ・英語／日本語で手続をすれば翻訳費用が節約できる ・上訴ができない分,低額で済む場合もある
手続	・厳格である(特に送達やディスカバリー) ・強制力がある	・柔軟に決められる ・強制力がない(特に証拠提出)
承認・執行	・判決の国際的強制に関する多数国間条約がない ・国により,執行できない場合も多い	・ニューヨーク条約により仲裁判断の国際的な執行が可能

　国際仲裁においては,裁判よりも柔軟な判断がなされますが,基準になるのはやはり契約書に規定された内容です。そのため,自社になるべく有利に解決できるように,契約上で明確なルールを規定しておくべきです。

8.　合弁事業の中途解約をめぐる紛争 〈事例㊽〉

　人材に関するビッグデータを保有するＸ社は,ＡＩ技術を有するＹ社との間で合弁会社を設立し,ＡＩを活用した人材ビジネスを共同で行うことにしました。Ｘ社としては,自社の貴重なデータを提供するので,Ｙ社に早期に撤退されて,そのデータを目的外に利用されることが最大のリスクでした。そこで,Ｘ社は,Ｙ社が早期に撤退できないように,

解除の制限規定を設けました。

> X社及びY社は，合弁会社の設立後5年間，いかなる理由があっても本
> 契約を終了できないものとする。

　また，Y社に契約違反があった場合は，Y社の保有する合弁会社株式
を合弁会社の純資産価格に0.5を乗じた額で買い取ることができる権利
を規定しました。さらに，Y社がX社のデータを流用する目的で撤退
できないようにするため，以下のような多額の違約金条項も設けること
にしました。

> X社又はY社が，本契約上の義務に違反した場合は，違反当事者は，相
> 手方当事者に対し，違約金として金5億円を支払うものとする。

　Y社としても，X社との合弁事業は是非とも進めたかったのでこれに
同意しました。
　ところが，合弁会社設立から3年経過してもY社の開発が遅れてい
たことにより，合弁事業は軌道に乗りませんでした。その頃X社は，
他の会社から好条件が提示されたため，合弁契約を終了したいと考え，
その旨Y社に通知しました。
　Y社は，これまでに多額の開発費を投入しており，一方的な解約は認
められないとして契約どおりの違約金の支払を求めました。X社は，違
約金の金額は何ら根拠もない過大なもので，公序良俗に反して無効であ
ると主張して，Y社と争いになりました。X社は，Y社の開発行為には
合弁契約上の義務違反があるという主張もしました。

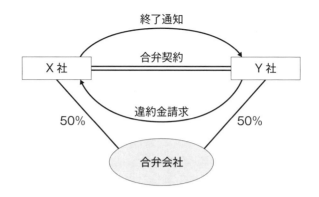

〈結　果〉

　両者の弁護士が交渉したところ，過大な違約金条項の無効は裁判所では認められないであろうということになり，Y社の開発の遅れも考慮に入れ，Y社の開発費相当額プラス α の2億円をX社が違約金として支払うことで解決することにしました。

〈検　討〉

（1）違約金の有効性

　違約金は，損害額の評価の困難を避けるためにあらかじめ賠償額を定める「損害賠償額」の予定と推定され（民法420条），原則として裁判所もそれに従って賠償額を判断します。本件は，X社が，Y社による早期撤退を防止する目的で，過大な違約金を定めましたが，その後状況が変化し，自らが撤退することを妨げる方向に働いてしまった事例です。このように，契約締結時点では自社の目的を達するために設けた違約金条項が，合弁事業の状況や経済環境の変化によって，自社に不利なものになる可能性もあります。本件のように，ビッグデータやITに関連する業界は日進月歩であり，特定の相手と長期のアライアンスを結ぶリスクも想定すべきです。

　本件では，早期に撤退したいX社としては，過大な違約金の定めは公序良俗違反を理由に無効であると主張しました。この主張は，相手方

が消費者や中小企業の場合には裁判所で認められる可能性もありますが，対等の大手企業間で契約交渉された場合は，その可能性は低いといえます。しかも，本件はＸ社から提案した金額であり，データの目的外利用のリスクを考慮して契約の早期終了を防ぐという目的がありました。そのため，両者の弁護士間の交渉でも，裁判をしても無効となる可能性は低いという認識で一致しました。

(2)　違約金の減額

　Ｘ社とＹ社の利害対立は深刻で，両社ともこのまま合弁事業を継続するよりは，別々に事業を行う方にメリットを感じていました。Ｘ社としては，Ｙ社の開発義務違反を主張して，契約の終了と違約金の減額を求めることにしました。Ｙ社としても，これまでにかかった開発費にプラスして，Ｘ社から一定の損害賠償を支払ってもらえれば，早期に解決したいと考えました。Ｙ社は，開発の遅れは合弁契約違反ではなく，契約終了事由はないと考えましたが，この点が裁判の争点になると，開発プロセスや成果等の立証にかなりの時間と費用がかかり，結果も予想が難しいため，話合いで解決することにしました。

　長期的な信頼関係に基づくアライアンスにおいて，違約金条項は様々な場面で使われることがあります。しかし，本件のように，自社にプラスに働くつもりで規定したら，後日マイナスに働くということがあり得ます。契約交渉においては，違約金条項を使う場面や金額を慎重に判断することが必要です。

　なお，違約金を，損害賠償額の予定としてではなく，債務不履行に対する制裁としての違約罰を規定する場合は，本件の違約金条項に以下の条項を加えることになります。

前項の規定は，本契約に基づく債務不履行を理由とする損害賠償の請求を妨げるものではない。

---

9. 中国における合弁事業からの撤退〈事例㊾〉

〈経　緯〉

　日本の食材メーカーX社は，中国の食品メーカーY社と中国におい
て合弁事業を行っていました。持分比率は，X社が30％，Y社が70％
で，董事会（日本の取締役会に相当するもの）の構成はX社側2名，Y社側
3名となっています。合弁会社は，これまでほとんど利益が出ておらず，
直前期は赤字になっていました。X社は，自社の事業の選択と集中を進
める中で，中国事業からの撤退を決めました。

　X社とY社の間の合弁契約（中国法準拠）には，持分譲渡の規定があ
りますが，持分の譲渡先は見つからず，Y社も譲受けを拒否しています。
譲受人がいない限り，X社が撤退するには合弁会社を解散するしかあり
ません。合弁契約には以下の解散事由が規定されています。

合弁会社は以下の事由が生じた場合に解散する。

1. 合弁期間が満了したとき
2. 合弁会社に重大な損失が生じ，引き続き経営できないこと
3. 合弁当事者の一方が義務を履行せず，引き続き経営できないこと
4. 自然災害，戦争等の不可抗力により重大な損害を被り，引き続き経営
   できないこと
5. 合弁会社がその経営目的を達しておらず，また発展の見通しがないこ
   と

　X社は，2項又は5項に該当するとして解散を求めましたが，Y社は，
合弁会社は今期以降黒字になる予想であるとして，解散事由にはあたら
ないとして拒否しました。合弁会社として解散を決議するためには，董
事会の決議が必要になります。

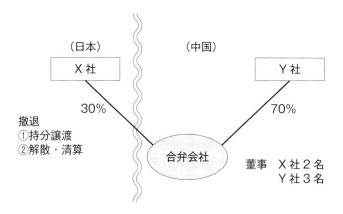

〈結　果〉

　Y社の反対により，董事会は合弁会社の解散・清算のための決議ができず，X社としては早期に撤退するため，その持分を低額でY社に譲渡せざるを得なくなりました。

〈検　討〉

（1）　合弁事業からの撤退

　X社が中国事業から撤退する場合，持分譲渡と解散・清算手続（債務超過であれば破産手続）が考えられます。後述するとおり，解散・清算手続は多くの時間と費用がかかるので持分譲渡の方が利用しやすいといえ，合弁契約上もそのための規定が入っているのが一般的です。しかし，譲渡を実行するためには，譲渡先が見つからなくては始まらず，本件のように，合弁会社の業績がよくない場合は第三者の譲渡先を見つけるのは容易ではありません。そのため，通常は，合弁相手であるY社が最有力の譲渡先候補になりますが，本件ではそれも拒否されてしまいました。

　そこで，X社は解散・清算による撤退を申し入れました。しかし，合弁契約上の解散事由はあいまいな文言であったため，合弁会社の現状が解散事由にあたるのかどうかで争いになってしまいました。このような事態を避けるためには，以下のように客観的判断基準として赤字の額やそれが継続する年数を明記しておくべきです。

・合弁会社の純損失が●元以上となったとき
・合弁会社が債務超過になったとき
・合弁会社が事業計画の売上高又は利益を●％以上下回ったとき

　本件においても，現状が解散事由にあたることが契約上明確であれば，X社は，契約上解散を求める権利を交渉材料にして，より有利な条件での持分譲渡を交渉できたものと思われます。また，X社にとっては，通常はY社が最優力の譲渡先候補になるので，プットオプション（買取強制条項）を規定しておくべきでした。

　本件は，X社が合弁事業から撤退する意思決定をする時期が遅れたことにも問題がありました。適時に意思決定できるように，合弁事業の開始時にX社社内の客観的撤退基準を決めてスタートすることが大切です。

(2) 解散・清算手続

　X社としては，解散・清算手続をとれば，低額で持分譲渡するよりも，残余財産分配としてより多くの現金を回収できる可能性がありました。しかし，紛争解決手段は，シンガポールにおける国際仲裁とされていたため，仮に有利な仲裁判決を得たとしても，Y社が自ら履行しなければ中国の裁判所に強制執行を求めることになります。そのための時間や費用を考えると，X社にとって，解散事由の有無を法的手段で争うという選択肢はあり得ませんでした。

　なお，解散・清算による撤退で合意できたとしても，手続にかなりの時間と費用がかかる点には注意すべきです。特に，X社がY社に合弁会社の経営を任せていた場合には，合弁会社の財務諸表の信頼性に疑問があり，資産処分にも問題が生じ得ます。中国法上，清算の際に従業員に対し法定の経済補償金を支払う義務がありますが，従業員からそれ以上の補償を求められることもよくあります。また，現地商務部門の許認可をはじめ，様々な政府部門の抹消手続も必要になります。現地政府は，今後の外資誘致，税金確保，雇用維持などのために許認可を出し渋ることも想定されるため，清算の合理性をきちんと説明できるようにするこ

とが大切です。

　なお，中国では外商投資法が2020年1月1日に施行され，合弁会社の組織形態・機構などに関する規律が大きく変更されました（ただし，既存の合弁会社への適用は5年間猶予されます。）。最高意思決定機関が董事会から株主会に移行されたり，董事会の重要決定事項の決議方法が全会一致から3分の2以上になったりするなど大きな変更があり，新規投資については外商投資情報報告制度が適用されることになったので注意が必要です。

1. 参考文献

(1) アライアンス全般

野本遼平「成功するアライアンス　戦略と実務」(日本実業出版社，2020)

戸嶋浩二ほか「資本業務提携ハンドブック」(商事法務，2020)

秦周平ほか「契約書リーガルチェックのポイント―事例でみるトラブル
条項例―」(新日本法規，2020)

高橋透「デジタル異業種連携戦略」(中央経済社，2019)

淵邊善彦「シチュエーション別　提携契約の実務」
(商事法務，第3版，2018)

奈良輝久ほか「詳解　アライアンス契約の実務と条項」(青林書院，2016)

太田洋ほか「資本・業務提携の実務」(中央経済社，第2版，2016)

高橋透ほか「ネットワークアライアンス戦略」(日経BP社，2011)

(2) 販売提携

小島国際法律事務所「販売店契約の実務」(中央経済社，2018)

大貫雅晴「英文販売・代理店契約　その理論と実際」(同文舘出版，2015)

(3) 技術提携

小坂準記ほか「ライセンス契約書作成のポイント」(中央経済社，2020)

吉川達夫ほか「ライセンス契約のすべて　実務応用編」
(第一法規，改訂版，2020)

重冨貴光ほか「共同研究開発契約の法務」(中央経済社，2019)

伊藤晴國「知的財産ライセンス契約　産業技術（特許・ノウハウ）」
(日本加除出版，2019)

山本孝夫「知的財産・著作権のライセンス契約」(三省堂，2019)

オープン・イノベーション・ロー・ネットワーク「別冊NBL　No.149
共同研究開発契約ハンドブック　実務と和英条項例」(商事法務，2015)

鮫島正洋「技術法務のススメ　事業戦略から考える知財・契約プラク
ティス」(日本加除出版，2014)

（4）生産提携

大貫雅晴「国際 OEM 契約書の作成実務　業務提携のための必須知識」
（同文舘出版，2020）

淵邊善彦ほか「業務委託契約書作成のポイント」（中央経済社，2018）

滝川宜信「業務委託（アウトソーシング）契約書の作成と審査の実務」
（民事法研究会，2015）

（5）資本提携

金丸和弘ほか「ジョイント・ベンチャー契約の実務と理論【新訂版】」
（金融財政事情研究会，2017）

宍戸善一ほか「ジョイント・ベンチャー戦略大全」
（東洋経済新報社，2013）

2．ガイドライン・報告書

「業務提携に関する検討会報告書」
（公正取引委員会，令和元年 7 月 10 日公表）
「流通・取引慣行に関する独占禁止法上の指針」
（公正取引委員会，平成 3 年 7 月 11 日公表，平成 29 年 6 月 16 日最終改正）
「知的財産の利用に関する独占禁止法法の指針」
（公正取引委員会，平成 19 年 9 月 28 日公表，平成 28 年 1 月 21 日最終改正）
「共同研究開発に関する独占禁止法上の指針」
（公正取引委員会，平成 5 年 4 月 20 日公表，平成 29 年 6 月 16 日最終改定）
「役務の委託取引における優越的地位の濫用に関する独占禁止法上の指針」
（公正取引委員会，平成 10 年 3 月 17 日公表，平成 23 年 6 月 23 日最終改正）
「企業結合審査に関する独占禁止法の運用指針」
（公正取引委員会，平成 16 年 5 月 31 日公表，令和元年 12 月 17 日最終改定）
「事業会社と研究開発型ベンチャー企業の連携のための手引き（初版）」
（経済産業省，平成 29 年 5 月 18 日公表）

「同上（第二版）」（同上，平成 30 年 6 月 27 日公表）

「同上（第三版）」（同上，平成 31 年 4 月 22 日公表）

「研究開発型スタートアップと事業会社のオープンイノベーション促進の
ためのモデル契約書 ver 1.0」（経済産業省・特許庁，令和 2 年 6 月 30 日公表）

「データ利活用のポイント集」（経済産業省，令和 2 年 6 月 3 日発行）

事項索引

事項索引

《著者紹介》

淵邊　善彦　Yoshihiko Fuchibe

【経歴】

1987 年	東京大学法学部卒業
1989 年	司法修習終了（第 41 期），弁護士登録（第一東京弁護士会），西村眞田（現　西村あさひ）法律事務所勤務
1995 年	ロンドン大学 UCL（LL.M.）卒業，ノートン・ローズ法律事務所勤務（ロンドン・シンガポール）
1998 年	日商岩井株式会社（現　双日）法務部出向
2000 年	TMI 総合法律事務所にパートナーとして参画
2008 年	中央大学ビジネススクール客員講師（2013 年から同客員教授）
2016 年	東京大学大学院法学政治学研究科教授（常勤）（2018 年まで）
2019 年	ベンチャーラボ法律事務所を開設。現在に至る。

【登録・所属】

第一東京弁護士会（1989 年登録），日弁連外国弁護士及び国際法律業務委員会委員，日弁連中小企業の国際業務の法的支援に関するワーキンググループ座長，ヘルスケア IoT コンソーシアム理事，日本 CLO 協会理事，アジア経営者連合会会員

【主な専門分野】

ベンチャー・スタートアップ支援，M & A，国際取引，一般企業法務

【主要著書】

『AI・IoT 時代の企業法務』（編著・商事法務，2019），『業務委託契約書作成のポイント』（共編著・中央経済社，2018），『シチュエーション別　提携契約の実務（第 3 版）』（編著・商事法務，2018），『契約書の見方・つくり方（第 2 版）』（日本経済新聞出版社，2017），『ビジネス常識としての法律（第 2 版）』（共著・日本経済新聞出版社，2017），『東大ロースクール実戦から学ぶ企業法務』（編著・日経 BP 社，2017），『起業ナビゲーター』（共著・東洋経済新報社，2016），『会社役員のための法務ハンドブック（第 2 版）』（編著・中央経済社，2015），『超実践 債権保全・回収バイブル』（共編著・レクシスネクシス，2014），『ビジネス法律力トレーニング』（日本経済新聞出版社，2013），『ロイヤルティの実務詳解』（共著・中央経済社，2012），『企業買収の裏側― M & A 入門―』（新潮社，2010），『クロスボーダー M & A の実際と対処法』（ダイヤモンド社，2007）

トラブル事例でわかる
アライアンス契約
提携交渉から終了までのポイントと条項例

2020 年 11 月 30 日　初版発行

著　者　淵　邊　善　彦

発 行 者　和　田　　　裕

発行所　日 本 加 除 出 版 株 式 会 社

本　　　社　郵便番号 171-8516
　　　　　　東 京 都 豊 島 区 南 長 崎 3 丁 目 16 番 6 号
　　　　　　ＴＥＬ　(03) 3953 - 5757 (代表)
　　　　　　　　　　(03) 3952 - 5759 (編集)
　　　　　　ＦＡＸ　(03) 3953 - 5772
　　　　　　ＵＲＬ　www.kajo.co.jp

営　業　部　郵便番号 171-8516
　　　　　　東 京 都 豊 島 区 南 長 崎 3 丁 目 16 番 6 号
　　　　　　ＴＥＬ　(03) 3953 - 5642
　　　　　　ＦＡＸ　(03) 3953 - 2061

組版・印刷・製本　㈱アイワード